歴史文化ライブラリー
48

婚姻の民俗

東アジアの視点から

江守五夫

吉川弘文館

目次

日本基層文化と婚姻の民俗—柳田国男の「海上の道」…… 1

一時的訪婚と南方文化

婚前の男女交遊の諸民俗 …… 12

成人式と男女交遊の開始 12

男女交遊と寝宿 27

歌垣の古俗とその起源 43

《踏歌式》歌垣の民俗 55

《一時的訪婚》諸慣習の原型 …… 68

問題の所在 68

中国の不落夫家婚と日本の足入れ婚・女よばい婚 72

中国海南島黎族の不落夫家婚をめぐって 80

一時的訪婚諸習俗の併存—とくに日本海域における 86

《一時的訪婚》の原型と全体像 93

嫁入婚文化における北方系諸要素

嫁入婚文化における親の婚姻統制……102
親の婚姻統制と仲人結婚 102
《錦木》と北方採集＝狩猟民文化 111
呪術的婚姻儀礼と北方遊牧民文化……122
呪術的婚姻儀礼の意味 122
《三周する馬上の花嫁》 123
縄張りによる道中妨害 135
《火》の入家儀礼 144
日本の《草履捨て》と満族の《掲蓋頭》 155
姉妹型一夫多妻制の古俗……162
「記紀」にみる姉妹型一夫多妻制 162
北方諸民族の姉妹型一夫多妻制 168
《嫂直し》と《後母を娶る婚姻》……172
レヴィレート婚としての《嫂直し》 172
《後母を娶る婚姻》 177

《年期婿》の民俗と東北アジア……183
《年期婿》の労役婚的性格　183
幼男子後見のための《年期婿》　190
嫁入婚の一亜種としての《年期婿》習俗　195
婚姻成立儀礼からみた嫁入婚の形態……197
《嫁入婚》中世起源の通説　197
朝婿入の嫁入婚儀礼―玄界灘型嫁入婚　201
初婿入を嫁入後に行う嫁入婚儀礼―北陸型嫁入婚　206
民俗学からみた日本の婚姻……213
あとがき

日本基層文化と婚姻の民俗——柳田国男の「海上の道」

椰子の実との出遭い

柳田国男がまだ学生であった明治三十一年（一八九八）の夏、体を悪くして、渥美半島突端の伊良湖岬で一ヵ月間静養したことがあった。この間、柳田は毎朝、村を出て四、五町ばかりの砂浜を横ぎり、岬の先端の魚付林《うおつきりん》を一周してくるのを日課としていた。そしてそこには、風のやや強かった次の朝などに、椰子の実の流れ寄っていたのを、柳田は三度まで見たという。

彼の懐旧談（『海上の道』）によれば、「一度は割れて真白な果肉の露はれ居るもの、他の二つは皮に包まれたもので、どの辺の沖の小島から海に泛《うか》んだものかは今でも判らぬが、ともかくも遥かな波路を越えて、まだ新しい姿でこんな浜辺まで、渡って来て居ることが私には大きな驚きであった」。

そして東京へ帰った柳田が、近所に住む島崎藤村に、伊良湖岬における椰子の実の話をしたことが、藤村の詩《椰子の実》が作られる動機であったという。柳田からこの話を聞いた藤村は、「君、その話を僕に呉れ給へよ、誰にも言はずに呉れ給へ」とせがんで、たしかその年のうちに、かの「非常に吟じ易《やす》い歌」が詠まれたというのである（『故郷七十年拾遺』）。

図1　伊良湖岬より遠州灘を望む

原始日本人の海上の道

柳田は、この椰子の実の漂着という事実に終生大きな関心をいだいており、彼の著作集の中には、たびたびこのことがとり上げられている。伊良湖岬方面だけではなく、宮崎県都井《とい》岬、高知県足摺岬、和歌山県牟婁《むろ》地方、また日本海の方でも佐渡島の外海府《そとかいふ》などに漂着したことが書かれている。また江戸時代の小野蘭山の『本草綱目啓《ほんぞうこうもくけい》蒙《もう》』から、但馬《たじま》や若狭《わかさ》などにも漂流したとする記録を引出している。柳田は、椰子の実が「何

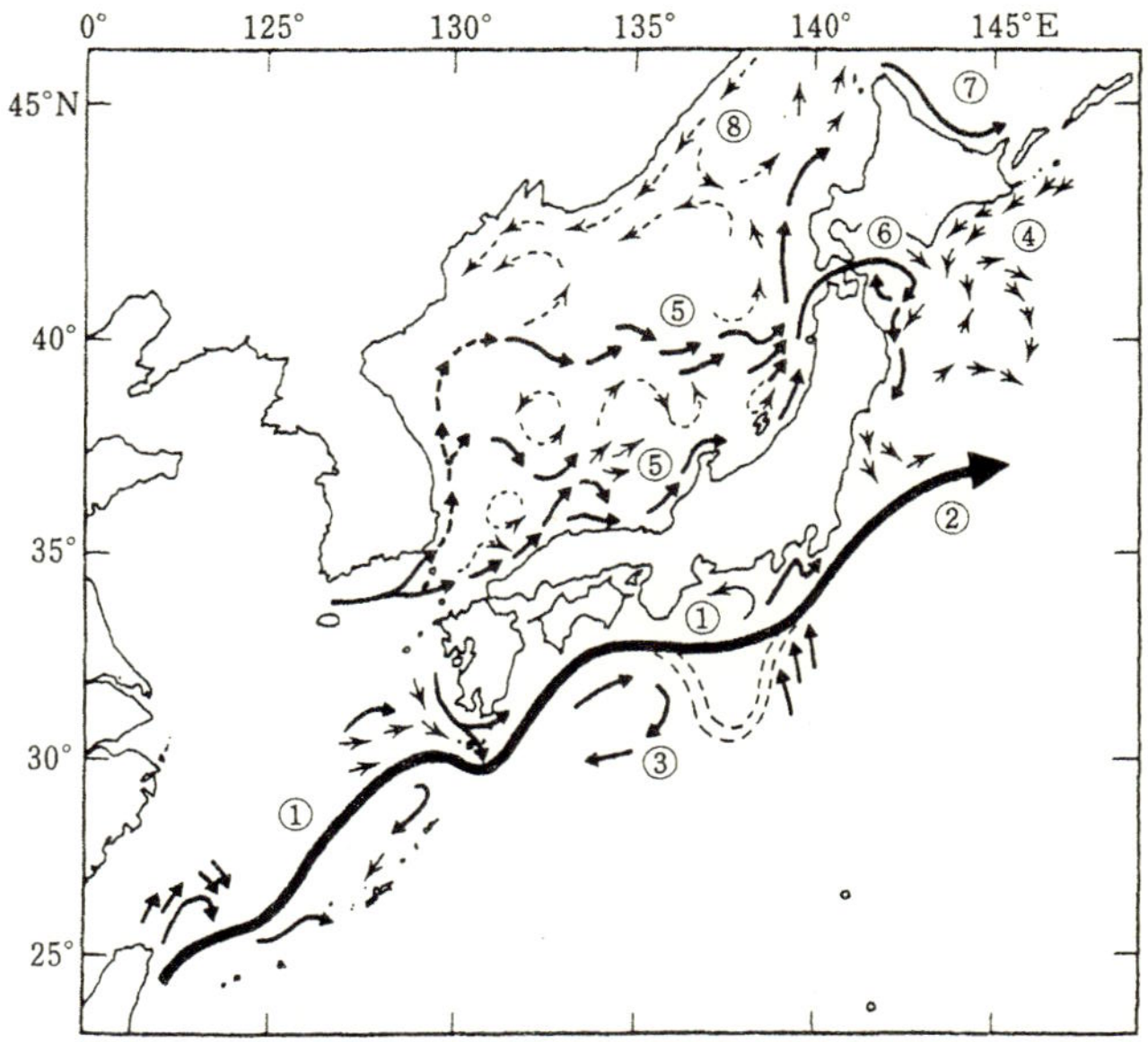

本図は夏季の海流の模式図である．冬季には津軽暖流の東への張り出しが小さくなると同時に親潮が強勢になり，南下傾向が著しくなる．また，冬季には宗谷暖流は消滅する．

①黒潮(2～3ノット)
②黒潮続流(2～3ノット)
③黒潮反流(0.5ノット前後)
④親潮(夏季0.2～0.5ノット，冬季0.5～1ノット)
⑤対馬暖流(夏季1ノット前後，冬季0.5ノット前後)
⑥津軽暖流(夏季1～2ノット，冬季0.5ノット前後，津軽海峡部においては2ノット程度の流速を有する)
⑦宗谷暖流(夏季2ノット前後)
⑧リマン海流
〔日本海洋データセンターの資料による〕

図2　日本近海の海流模式図
(国立天文台編『理科年表』丸善，1997年)

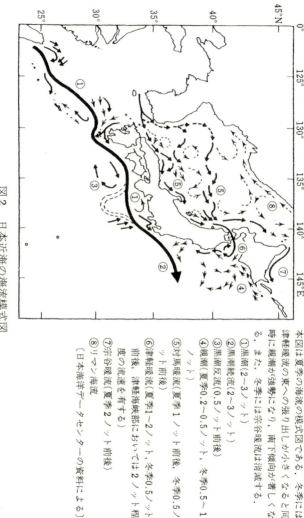

処の海辺へでも勝手放題に上陸するものではない」とし、「何よりも〔その漂着の〕地点を明かにする必要がある」と述べている（『海上の道』）。

このような問題関心は、もちろん、椰子の実に主眼を置いたものではなく、この漂着の地点は同時に南方の産物の運ばれてきた窓口でもあり、さらにはそれを運んできた「原始日本人の上陸点」を示唆するものと柳田が考えたことにあった。彼は、古代中国の貝貨の素材が沖縄に産する宝貝であることに注目したり、稲作の南方起源の説にもふれている。つまり柳田は、遥か南の島で育った椰子の実が遠く日本列島に辿《たど》りついたように、美しい貝殻や稲の籾《もみ》を携えた南方の人々がこの「海上の道」を通ってやってきたと考え、日本文化の源流を彼なりに説こうとしたのであった。

黒潮に沿って

たしかに、南方系の文化が日本の基層文化の一半をなし、それが日本に流入するについては黒潮が「海上の道」として大きな役割を果たしたことは疑いないことである。右にあげた椰子の実の漂着地も、黒潮やその支流の対馬暖流に沿った地点である。では、椰子の実を運んだ黒潮は日本近海においてどのような流路を辿っているのであろうか。南方系文化の流入経路を検討する上でも、その正確な資料が求められよう。幸い私は、気象学者の荒川正一から海流模式図（図2）の提供をうけ、次の事項について教示に接した。

まず第一に、黒潮が房総沖で進路を東へ向け、本州海岸から離れること、第二に、対馬暖流がどの地点で黒潮から分岐するかはまだ明確に判明していないが、日本海沿岸に密着して北上すること、第三に、対馬暖流が津軽暖流となって津軽海峡を通り抜けたのち、東北地方の太平洋岸を南下すること、しかも津軽海峡を通過するときはかえって流速が増すこと——などである。

このような海流の経路から、後に考察することだが、南方系の《一時的訪婚》が日本海域に、太平洋海域に劣らぬほど濃厚に分布し、さらに下北半島突端部から三陸海岸部にも見出されるという事実もまた判然となるのである。

日本文化と周辺民族

ところで日本はよく島国と言われるが、日本列島はけっして絶海の孤島から成っているわけではない。四方を海に囲まれているが故に、むしろ、柳田の言う「海上の道」が四方に通じ、東アジアの周辺諸民族と古くから交流があったと言えよう。つまり、この「海上の道」は、柳田がみたように南方からの道ばかりでなく、朝鮮半島から玄界灘を渡ってくる道もあれば、沿海州から間宮海峡をまたいで樺太、北海道を経て奥羽地方北部にいたるルートもあった（——ちなみに、旧石器時代には沿海州・樺太・北海道は陸続きであった）。また日本海を横ぎって北陸方面にいたるルートもあった。

まさにそれ故、これら周辺諸民族の文化を含むものとして、日本基層文化も形成されたのである。岡正雄の日本民族生成論において、五つの異なる「種族的文化複合」が措定されたことも、十分理由のあることである。ただ今日、この説はそのままの形では継承できず、私は、日本基層文化を大きく南方系と北方系に二分する立場をとっている。社会組織に関する研究状況では、これ以上の細密な区分は危険と思えるからである。

東北アジアの周辺諸民族との関連において日本の婚姻習俗を考察しようとする本書でも、日本の婚姻をこの南北二つの系統に由来する二類型に分ける立場をとっている。すなわち南方系の《一時的訪婚《ほうこん》》と北方系の《嫁入婚》である。ここでは、言葉の難しい前者に関して簡単に説明しておく。

《一時的訪婚》とは、婚姻当初の一時期、夫妻が別居し、この間、夫妻の一方が他方を訪問することによって夫婦生活を営み、しかるのち妻が夫家に引移るものである。民俗学のいわゆる「婿入婚」――これを私はこれまで一時的妻訪婚《つまどいこん》とよんできた――が、この婚姻習俗の中心的存在である。

ところで、大間知篤三が命名した「足入れ婚」や「女よばい婚」や「寝宿婚」という特殊な婚姻習俗も、婚姻成立後の一時期、夫妻が別居し、訪問による夫婦生活が行われるかぎり、いわゆる婿入婚（一時的妻訪婚）と同系列のものであり、私はそれらをすべて《一時的訪婚》という婚姻類型に包括させることとしたい。

婚姻二類型の異質性

この《一時的訪婚》と《嫁入婚》は、婚姻当初の夫婦の居住形式において異なっているだけではない。前者にあっては、配偶者の選択が成人男女の自由な交遊をとおして行われ、若者組や娘仲間と彼らの寝宿が、その婚前交遊の機会を保障しているのにたいして、後者においては、一般に男女間の接触を禁圧する性的隔離の規範（「男女七歳にして席を同じゅうすべからず」）のもとに、家族員の婚姻配偶者はもっぱら家長の意思によって決定され、家長の委託をうけた仲人がその選択に携わる。またその社会的な基盤としては、前者では、若者組・中老・長老という年齢階梯制が編成されるのにたいして、後者では家父長制的な家族が前面に現われ、親族の在り方は、前者では双系的な範囲で親族的交際が営まれるのにたいして、後者では父系親族集団（「同族」）が組織される。要するに、この二つの婚姻形態は、社会的に際立って異質的な婚姻類型として存在しているのである。

このような社会的にきわめて異質的な二大婚姻類型は、前述したように、系統的には南北二つの文化圏域と関連している。それ故、この二つの婚姻類型の原型を究明しようとすれば、南方系の《一時的訪婚》については中国江南（長江以南）からインドシナ方面にかけて居住する諸民族の婚姻形態を検討する必要があり、他方、北方系の《嫁入婚》に関しては、中国北部やシベリア東北端の諸民族のもとでの婚姻習俗を考察しなければならない。このような隣接諸民族との文化比較をとおして、もしいくつかの共通の文化要素が見出されるならば、それらは《一時的訪婚》

ないしは《嫁入婚》の原型を示すものとして理解されてよいからである。

民族間の比較研究

なるほど、日本における婚姻の民俗を究明するのに、このような異民族との文化比較がいったいどうして必要なのかという疑問が、必ずや懐かれることであろう。しかし、異民族のもとで日本と類似な文化要素がいくつも見出されたとき、日本の民俗が日本独自に生じたもので、異民族とは何ら関係していないと言切れようか。かつて文化的関連が存在したと思えるようなときには、むしろ私たちは、その古い時代の文化の在り方を想いめぐらさずにはおれないであろう。

私はここで学問の方法を論ずるつもりはない。とりわけ民俗学に関しては、その資格もまったく有していない。ただ私は、伊良湖岬で椰子の実に出遭って感動した若き日の柳田に立帰りたいだけである。対象は私の場合、稲籾やゴホウラガイやタカラガイの貝輪装飾品ではなくて婚姻の習俗であるが、その原郷に想いをはせる点では柳田と何ら変らないと思っている。

ところで、このような民族間の文化比較にとって最も基礎的な条件は、民族誌的資料の蒐集である。私の研究が長年月を要したのは中国少数民族の婚姻習俗を容易に集められなかったからである。だが、この基礎条件を著しく充たしてくれたのは、一九八六年刊行の厳汝嫻主編『中国少数民族の婚姻と家族』(中国婦女出版社)であった。そこには中国の五十五に及ぶ少数民族のすべてにわたって、伝統的な婚姻と家族の習俗が詳しく記述されていたのである。

かくして同書の翻訳が企画され、百田弥栄子、曽士才、栗原悟の三氏の尽力により、一昨年（一九九六）末、日本語訳全三冊が刊行されたのである（第一書房刊）。私は〝監訳者のことば〟のなかで、「いずれ機会があれば、本書が提供する資料を主たる素材として、日本の伝統的婚姻＝家族慣習に包含されている南北二系統の文化的要素を摘出してみたい」と書いていたのであるが、その機会は本書の刊行という形で意外に早く訪れたのである。

本書は、右に述べた私の問題関心にもとづき、日本の二大婚姻類型――《一時的訪婚》と《嫁入婚》――を、それぞれ第一章と第二章に配置している。そして終章では、日本の婚姻に関する私の学問的軌跡を辿り、あわせて私に向けられた学界の批判に答えることとしたい。

なお、本書は、『婚姻の民俗』という標題から、ややもすれば想像されがちな婚姻の民俗学的概説書ではない。本来ならば日本基層文化論のなかで討論さるべき諸問題を内容としており、取扱われる資料も隣接諸民族に関するものがほぼ半ばを占めている。この点あらかじめ断っておきたい。

一時的訪婚と南方文化

婚前の男女交遊の諸民俗

成人式と男女交遊の開始

成人式の意味　《一時的訪婚《ほうこん》》の習俗が行われている西南日本の各地には、成人式や、自由な婚前交遊たる「ヨバイ」や、若者や娘の寝宿の習俗が、互いに密接に結びついて分布していたが、これらもまた《一時的訪婚》と同様に南方に源を発する文化要素と考えられるのである。

まず成人式とは、子供から一人前の大人になったことを社会が公に認め、お祝いする儀式である。天皇家の成年の儀や旧士族社会の元服の式がその典型的な事例であるが、庶民社会のもとでも広く行われていた。若者組があった地方では、それへの加盟の儀式が成人式と重なる場合が多かった。

この成人式があげられる時点は、十三歳とか十五歳とか、一定年齢の到達とされている場合が多いが、一日に一反歩の田を起したり米一俵を担いだりする労働能力の取得、または生殖能力の具備（女性の場合の初経）を条件とする場合もあり、それ故、米一俵分の重さの石を担がせる試練が課せられることもあった。

「死と再生」の観念

さて、文明の未発達な民族の間では、成人式の享受が「死と再生」とみなされる傾向が見出された。たとえばコンゴーのボマ地方では成人式をうける若者は一系列の試練の後、仮死状態に陥り、擬制的に埋葬される、そして大人として蘇生した時、この若者は過去の一切の記憶（親の名も自分の名も）を喪失したかのように振舞い、そこで新しい名前（日本式に言えば元服名）をつける。

この点で興味深いのは、鹿児島県蒲生町に藩政期にあった士族の青年集団「兵児二歳《へこにせ》」の「穴打ち」という行事である。兵児に新入りした若者たちは同町の愛宕山に掘られた大穴の中に丸裸で入れられ、上へあがろうとするところを手に柴をもった先輩たちに、ところ構わずたたかれ、素早く揚ればそれでよいが、揚れぬ者はあちらに走りこちらでたたかれ、ほうほうの体になるという。郷土史家はこの行事を、戦場における武士の機敏・機転を養成する修練として説明しているが、私は、同じ九州の長崎県西彼杵《にしそのぎ》郡で「締め殺す」などと言って、首を締めて一時気絶させるという成人式行事が民俗学の資料に見うけられるところから判断し、この兵児二歳の習俗も、丸裸とされた者を穴に埋葬する点で〝死〟を、その穴から這上る点で〝再生〟を表象したものとみなしている。

なお、大国主命が八十神《やそがみ》たちにより二度も殺され、そのつど蘇生するという受難神話も、中山太郎・松村武雄・和歌森太郎らが説いたように、「死と再生」を象徴する成人式の試練を表わしたものとみなされよう。

また、士族階層の元服の際に一般に行われていた「名変え」が庶民の間でも伝承されてきたのであり、奈良県添上郡東山村室津では、昭和二十八年当時に残っていたことが報道されている（『朝日新聞』同年一月十六日号）。

結婚の資格

この成人式は、子供が一人前の男性や女性になったことを社会的に承認する儀礼であり、結婚の資格もそれによって得られたのである。柳田国男も述べている。

この〔成人式の〕関門を通ったものは、神を祭る団体に入ることを許され、公けの課役には一人として算へられ、共同の生産物は丸一口の分配を受けたほかに、配偶者をみつけてこれと婚しうることが、原則としてみとめられたのである。（『家閑談』）

成人式による結婚資格の賦与という特性は、中国南部の少数民族においても明瞭に見られる。たとえば雲南省永寧のプミ（普米）族では、「男女とも十三歳で成年礼をすませると自由な男女交際に加わることができた」（『中国少数民族の婚姻と家族』下巻）。自由な男女交遊をとおして結婚の相手をみつけることになるのである。

同省の西双版納《シーサンパンナ》地区のプーラン（布朗）族では、男子が十五歳になり女子が十二歳になると、彼らは集まって互いに歯をススで染めるのを手伝い、「この儀礼を通過してはじめて成年と認められ、恋愛し結婚する権利を得る」（同前、下巻）。

同じ西双版納に居住するチノー（基諾）族について、こうも述べられている。

婚姻は成人儀礼から始まる。なぜなら成人儀礼を受けない青年には恋愛をする権利はないからである。成人儀礼は十六、七歳頃に行なわれることが多いが、身体の発育が基本的に一人前になると、盛大な儀式を行なう。……これによって若者は共同体の正式の成員としての権利を獲得し、そのうえ更に重要な変化としては、恋愛する権利を獲得する。（同前、中巻）

頭部装飾の儀礼

ところで、わが国の成人式は、地方によりその形態と名称を異にしているが、私はかつて、成人式の際の身体装飾の点から三つの型に分類した（「成人式の原義」）。その第一は、頭部装飾の儀礼であり、前髪を剃ったり、頭に被《かぶ》り物を着用するという類《たぐ》いである。たとえば沖縄の伊平屋《いへや》列島では、元服は数《かぞ》えの十三歳にあげられ、「中剃《なかぞ》りをして片がしらに髪を結い、簪《かんざし》を挿した」りしたし、滋賀県高島郡などでは、元服する者は「烏帽子着《えぼしぎ》の儀」を行ったという。万葉時代の成女の標《しるし》たる「葉根蘰《はねかずら》」もこの型に属すると言えるかもしれない。

万葉時代には、鳥毛や、菖蒲《しょうぶ》の葉や根で頭部を飾る蘰は、娘が成人となったことを示す標識だったらしい。『万葉集』は、この「葉根蘰」を詠んだ歌を四首載せている。ここではそのうちの次の二首をあげておこう。

葉根蘰《はねかづら》今為《す》る妹《いも》をうら若みいざ率川《いざかは》の音の清《さや》けさ（七—一一一二）

はね蘰今する妹がうら若み笑《ゑ》みみいかりみ着《つ》けし紐解く（一一—二六二七）

成女となることは結婚資格を意味していたから、葉根蘰を頭にかざせば、男の求婚を受け得たのであろう。男は、そのうら若い女性を〝いざいざ〟と誘いかけたくもなるし、初経験の乙女たちは微笑《ほほえ》みつ、また怒りつつ紐を解いて応ずることともなる。

腰部装飾の儀礼

第二は腰部《ようぶ》装飾の型であり、若者には褌《ふんどし》、娘には腰巻を贈る儀礼である。たとえば長野県上伊那、諏訪両郡では、男子十五歳、女子十三歳になると、母方の叔母から褌ないし腰巻が贈られ、この「叔母くれ褌」を締めて正月に氏神に参詣すると、「大人の仲間に入れられた」という。地方によっては男子にのみ褌を贈るところや、女子にのみ腰巻を呉れるところもあった。

お歯黒とイレズミ

第三は鉄漿《かねつ》付けや文身《いれずみ》などを施す型である。まず鉄漿付けは多くの地方で結婚ないし婚約の際に女子に施されたが、元来は成女式のとき行われていた。石川県能登灘五郷地方では女子が十九歳になると、「お歯黒親をきめる」といって成女式があげられ、元服親はその際、お歯黒箱を女子に与えたといい、岡山地方では「十三鉄漿」といって、その年になった娘は鉄漿をつけて宮詣りする風習があった。一九五四年現在でも、対馬の豆《つ》酘《つ》では鉄漿付けの成女式が残存していたと報ぜられている。実際、元服親を「カネ（ツケ）オヤ」と称している地方はきわめて多いのである。

この鉄漿付けは、中村義雄が詳述しているように、「歯黒《はぐろ》め」として、『源氏物語』などの平安文学に記されているが、これとならんで「引き眉《まゆ》」も古代の成女の標であった。眉毛を剃り、その跡に墨で眉をかくもので、『万葉集』では「眉引《まよびき》」として詠われている。

振仰《ふりさ》けて若月見れば一目見し人の眉引《まよびき》思ほゆるかも　（六―九九四）

なお、沖縄地方には成女の際に「ハヅキ」といって、手の甲などに文身を施す慣わしがあったが、一九六三年現在、八重山群島でこのハヅキをした婦人を見かけることができた。

台湾先住民の腰部装飾

以上にみた日本の成人式における身体装飾の数々は、南方系文化に淵源《えんげん》することが明らかである。たとえば台湾先住民のプユマ族において若者組への加入の際、右にあげた腰部装飾儀礼が行われていたことが、末成道男の論文「成人式と一人前」（綾部恒雄編『新編人間の一生』アカデミア出版）の中で報告されている。若者組への加入の際、「丁度日本の成人の元服の場合のように仮親をとる慣習」があり、「少年は普段可愛がってもらっている大人から、腰巻をまいてもらい、その仮親の名が〔少年の〕通称名として呼ばれるようになる」。単に腰巻が贈られるだけでなく、その贈り主が「仮親」（つまり日本の元服親）となり、その名が「少年の通称名」（元服名）とされる点で、日本の成人式慣行との間に著しい共通性が見られるのである。

中国南部の頭部装飾

最近、大林太良は「中国少数民族の成年式」（『アジア社会の民族慣習と近代化政策』敬文堂）という論文を執筆し、私が身体装飾の方式から提示した日本の成人式の三分類が、「中国南部の少数民族の成年式にもほぼ当てはまる」ことを認められた。

頭部装飾についてみれば、たとえば花籃《フワラン》ヤオ（瑤）族では、男女とも十五歳頃になると髪形を大人の髪に結い直すとともに、とくに雲南のヤオ族の男女は幼少時の花帽を脱ぎ、成人用の帽子やスカーフをかぶる「包頭帕」という儀式があった。チベット（蔵）族の男子成人式には、辮髪《べんぱつ》をほどいて頭頂に髷《まげ》を一つ作る挽髻《ばんけい》という儀礼があり、女子の成人式でも髪形の変更ないしは頭飾りの着用が行われた。

青海省のトゥ（土）族の「戴天頭《タイティエントウ》」という成女式も、竈神《かまどがみ》の前で成女の髪に結い直す儀礼である。ただ、この儀礼を享けた女性は、「天と結んで婚姻をなし（与天結為婚姻）」たとみなされ、自由な性生活を送るのであり、この習俗がラマ寺院の付近に行われていることからもわかるように、「青年喇嘛《ラマ》との関係から」生じたものとみなされている。厳編『中国少数民族の婚姻と家族』(中巻)は、「戴天頭」を成女式とみなさないが、「天と結婚する習俗」と記述し、やはり「ラマ僧院に近い場所において多く見られる」と示唆している。

私は、このトゥ族の戴天頭の行事が、元来、成女式であって、それを享受した女性が自由な婚前交遊に参与する契機をなすものであったが、ラマ教の影響のもとに、西アジアからインドに広く見出された宗教的売淫の習俗がこれに混淆《こんこう》したのではないかと推定している。この地域には、女性が神廟や寺院において参詣者と売淫するという習俗が、古くから散在していた。実際、近年、インド・ネパール国境地帯に、ヒンドゥー教寺院に差出された娘が、シヴァ神の妃ドゥルガー女神の化身として、自らシヴァ神と結婚式をあげ、参詣する男性に身をまかせるという習俗が残っていたことが明らかにされた(ヴィジュアル・フォークロアのビデオ「ヒマラヤ　娼婦になった女神たち」)。トゥ族の戴天頭も、この宗教的売淫の習俗との関連において検討さるべきであろう。

中国南部の腰部装飾

次に腰部装飾の儀礼に関してみると、男子が「ズボンをはく」(穿褲子)儀式、女子の「スカートをはく」(穿裙子)儀式が、若干の民族で見出される。四川・雲南省境の涼山地区のイ(彝)族、雲南省にあってはナシ(納西)族(永寧地区のモソ人)やプミ(普米)族がしかりであり、また同省のリス(傈僳)族では女子のスカートをはく儀式だけが報告されている。

このうち、ナシ族やプミ族では、女子の場合に母が儀式を主宰してスカートをはかせるが、男子の場合、母方のオジが主宰者となりズボンをはかせるという。日本の長野県の「叔母くれ褌」や、茨城県水戸地方や兵庫県多紀郡の同様の習俗のように、母方のオバが褌や腰巻の贈り主となるのも、もしかすれば雲南省の「ズボンをはく」儀式と関連するかもしれない。

中国南部のお歯黒と文身

最後に、文身やお歯黒の習俗が雲南省に広く分布していた。たとえばタイ(傣)族では男子は文身をし、女子はお歯黒をするというように、男女によってその両者の区別があるところもあるが、男子に文身を施すプーラン(布朗)族では、これとならんで男女とも歯を樹木のススで染める。このほかドアン(徳昂)族、チノー(基諾)族、ハニ(哈尼)族、ヌー(怒)族で、そのいずれかが行われていた。

この文身やお歯黒の儀礼について見られる特徴は、女子の方が男子より盛んであるということである。たとえば同じ雲南省のトールン(独竜)族やイ族では女子の文身のみが報告されており、チベットのロッパ(珞巴)族、海南島のリー(黎)族でもそうであった。お歯黒や文身という身体加工の儀礼が女子において優勢であるという傾向は、日本の民俗でもみられたところである。

日本の成人式の源流

以上、主として大林太良の研究に依拠して中国南部の少数民族における成人式の装飾儀礼をみてきたが、日本の成人式習俗との共通性が随所に見出された。とりわけ腰部装飾とお歯黒や文身の身体加工においてしかりであり、それ故、日本の成人式の習俗が南方系文化に属すると推定することは十分可能だろうと思われる。

ただ、頭部装飾儀礼のうち、頭上に帽子状のものを冠するものは、大林も指摘していることだが、漢族古代の冠礼の影響をうけていないかという点が注意されねばならない。日本の烏帽子の習俗がこの点で今後検討されねばならないだろう。また、右にはふれなかったが、ヤオ族やその近くのミャオ（苗）族のもとでは、眉毛を抜くことも成女式で行われ、それが「修眉《しゅうび》」とか「開瞼《かいけん》」とかの漢語で表現されていることから、やはり漢族の儀礼文化との関連を大林は注意している。その点では万葉時代の「眉引」も問題となるかもしれないが、少なくとも日本の「眉引」は、頭部に飾る「葉根蘰」とともに、その源流は不明ながらも、漢族の儀礼文化伝来以前の装飾方法だと想定している。

初経の祝

成女式について補足しておかねばならないことの一つは、初経の祝である。そもそも成女になったことを示すもっとも明瞭な証《あかし》は、言うまでもなく初経をみることであり、それ故、初経を機に成女式をあげるところが少なくない。伊豆諸島や太平洋沿岸がそうである。愛知県の知多半島の美浜町では、「成女式は年齢によるほか、個人の生理的変化によってなされ、月小屋（コウヤベヤ）があるところでは、そこへ入ることが、一人前の女性になったことを示し、内祝い（腰巻祝）として赤飯を神棚に供えた」という（『美浜町史』）。

また伊豆の八丈島では、女子の初経を「ハツタビ」とか「ウイデ」と称し、盛大なお祝いが行われた。ここでも月経や出産の穢《けが》れを忌み嫌って月経中の女性や産婦を別小屋で別火の生活を送らせる習わしがあり、その小屋を「タビ（他火）」などと称していた。このタビ小屋にはじめて籠った娘が、籠りが終った日、「海水で身を清めて帰ると、家ではその娘のための祝宴を準備して待っていた」。それを「ウイディワイ」と呼び、ある集落ではその祝が七日間も続けられ、村全体の男女を饗応したといい、大間知篤三は、「とくに村の若者たちに披露するという意図があった」と書いている（『八丈島——民俗の諸相』）。

アナバチワリ　成女式としてさらに注目に値するのは、「アナバチワリ」という習俗である。それは人類学でいう「破素」（処女膜切開）に当るものである。愛媛県北宇和郡の山村における大間知の聞き書は、この習俗を最も具体的に記録した貴重な資料であり、以下に引用しておこう。

以前は女にしてもらうということがあった。娘が一四、五歳になると、早く誰かから女にしてもらってくれればよいがと、親たちは心ひそかに願ったものである。親が心配のあまり酒を買ってきて、女にしてもらうことを依頼したという話もある。そのことをアナバチを割るといって、その役割を果たす人が、村人の間にきまるともなくきまっていた。たいてい物静かで口数の多くない男であり、つねづね畳や板にすりつけて爪を磨いており、三日ぐらいかかってその役割を終えたという。……アナバチを割り、「初穂を頂く」と、それからは、さあ女になったから相手を世話してやろう、よろしく頼むということになり、誰それは誰のシロモノというようにきまっていくのである。今日〔昭和一〇年当時〕三五歳以上の女で、これをしてもらわなかったものは、一割とはおるまいということであった。こんな次第で、処女で嫁入るなどということは、ほとんど例がなかった。処女ではいけなかったとさえ言われている。(「南予の通過儀礼」)

この山村の場合、男女同宿の「泊り宿」があり、また若者が女家に「ヨバイ」に行く習わしがあったが、恐らく「アナバチワリ」を行った娘が若者の男女交遊の相手とされたのであろう。

瀬川清子によると、島根県簸川《ひかわ》郡北浜村(現、平田市)では、「一二、三歳の娘がまだ娘にならん前〔初経前のことか〕に、五〇以上のゴケじいさんにオセ〔大人〕にしてもらうことがあって、ハチワリといった。これには、世話した人がおせいぼを持って行った」という(『若者と娘をめぐる民俗』)。

また福井県城崎村(越前町)厨でも、「アナバチといって、やはり特定の者が一二、三歳の女子を一人前にして、若者の仲間に告げる風があった」(同右)。

竹田旦は、『日本風俗史事典』の中の「成人式」の項目において、「未開社会における割礼や陰核除去のように、陰部に直接手を施す秘儀は、わが国には認められなかった」と、とくに断わっているが、「アナバチワリ」は私には破素としか考えられないのである。

図3　破素《アナバチワリ》分布図

南方系の破素の習俗

このアナバチワリは、黒潮に沿って九州から福島県までの太平洋海域と、対馬暖流に沿って山口県から福井県までの日本海域に分布しており（図3参照）、このことからも、それが南方に淵源することが推定されよう。近接諸民族の事例としては、元カンボジア王国における習俗があげられる。ウェスターマーク（E. Westermarck）はこう書いている。

一三世紀末の中国人の記録によると、かつてのカンボジア王国では、娘をもった親たちが、娘の結婚のまえに、仏教や道教の僧侶にたのんで、娘の処女をやぶってもらったという。この〔破素の〕儀式は〝チン・タン〟とよばれ、一年に一回、土地の知事が指定した特定の日に、あげられた。僧侶はそれぞれ、毎年一人の娘しか破素することがゆるされず、そのツトメにたいしては、手あつい報酬をうけた。そこで、金持ちの娘だったら、たいてい七歳から九歳のあいだに結婚する（カンボジアやインドでは早婚なのだ）のに、貧乏人の娘だと、僧侶にわたすこの贈物をもちあわせないために、ときには十一歳まで待ったうえではじめて結婚することができたともいわれる。尤《もっと》も、貧しい人たちに娘の破素に必要な金を与える人も居り、それは賞讃すべき行為とみられていた。（*The History of Human Marriage*, vol. I., p.170）

ちなみに、このアナバチワリが、愛媛県北宇和郡の事例のように、破素する者の指の爪で人工的に行われる場合はともかく、破素する男との性的な交わりによってなされる場合には、とかく初夜権のようにみなされがちである。実際、多くの民族の間に同様の習俗が見出され、十九世紀から二十世紀初頭にかけて、人類学者たちは、中世ヨーロッパの封建領主が領民にたいして行使していた初夜権との類似性に注目して、いろいろ議論したのである。しかし、私はかつてこの種の習俗が成女式に発するものだと推定した（江守『結婚の起源と歴史』）。

文明の未発達な民族の間には、花嫁の処女膜の血は花婿に大きな禍をもたらすという迷信が広く分布しており、それ故、娘が成女となり、結婚の資格が得られるようになると、あるいは手の指で、あるいは剃刀《かみそり》などで、あらかじめ膣の切開が施されるのである。たとえその破素が男との交わりで行われるとしても、その施術者が、僧侶や〝精霊〟に紛する男など、世俗の力を超えた者である場合が少なくない。その男たちには、処女膜の血による禍が及ばないと信ぜられていたからであろう。

ともあれ、以上にみてきた成人式を通過することによって、いまや青年男女は互いに交遊し、結婚の相手を選択することができるようになる。成人式が右述の破素や、日本ではまだ確認できない男性の割礼（包皮切断）と結びついていたり、あるいは少なからぬ民族の成人式の際に、部族をあげて性的放縦にふけったりするのも、青年男女が種の繁殖に参加することを、社会が公認し予祝するものだといえよう。若者入りした青年が先輩にヨバイの手ほどきを受けたり、あるいは平安時代の皇男子が元服の式たる「こうぶり」の夜、「添臥《そいぶし》」として、貴族の女性と共に寝たりするのも、結婚の資格を得たということを表わすものであった。

男女交遊と寝宿

ヨバイによる求婚

成人式を機に始まる若者男女間の交遊たる「ヨバイ」には、性的関係がともなっていた。ただ、この語に後世、〝夜這〟という漢字が宛てられて、いかにも乱雑な習俗のようにみなされがちだが、これは元来、求婚を表わす語で、結婚を前提とするものであった。だから古代の人たちが『古事記』においても『万葉集』においても、ヨバイに「婚」という字をあてたのである。八千矛の神（大国主命の別名）が越の国の沼河比売《ぬなかわひめ》を「婚《よば》」われたことを、『古事記』はこう記している。

八千矛の神の命は……高志《こし》の国に賢《さか》し女《め》を有りと聞かして、麗《くは》し女を有りと聞こして、さ婚《よば》ひにあり立たし、婚《よば》ひにあり通せ……。

このヨバイの習俗は、日本では明治年間まで少なからぬ地方で、実際に求愛＝求婚の役割を果たしていたのである。それ故、この習俗のいわば拠点をなしていた寝宿が廃止されることは、若者男女から求婚の機会を奪いかねないことであった。瀬川清子によると、長崎県五島列島の福江島でかつて他所から網子《あご》人夫が入ってきて、村の寝宿を侵し、始終トラブルが生じたため、娘宿が廃止されることとなった。その廃止に当って別れの会が催されたとき、娘たちは臨席の小学校長に、次のような非難の言葉を浴びせたという。

先生、ワルカイナ、御祝言《ごしゅうげん》（結婚）サエンノジャナイカ、相手ハミツケレン

村の娘たちが集まる娘宿がなくなったら、村の若者とヨバイする機会が失われ、結婚の相手もみつけられないと、この島の娘たちは嘆いたのである。結局、一年後には娘宿がまた復活したという（瀬川『若者と娘をめぐる民俗』）。

沖縄では、未婚男女の交遊が「モウアシビ」などと称せられ、歌舞をともなって原野で繰広げられていたが、それだけにすこぶる情緒にとむものであった。

そこ〔村落内部〕には男女の自由な結合を阻むような要素はきわめて少なかった。いわゆる南国的色彩の相当濃い天地で、若い男女が月下に歌い踊る間に「偶」ができて、男が訪れ結ぶことにもなり得る。（奥野彦六郎『沖縄婚姻史』）

『万葉集』の中のヨバイ

『万葉集』は、男女の逢瀬を詠った歌を数多く載せているが、その中には、まだ婚約が公に交されていない求婚段階のものとわかるものも少なくない。たとえば

山野で相逢うのは、未婚男女のヨバイにほかならない。

足柄《あしがら》の彼面此面《をてもこのも》に刺す罠《わな》のかなる間しづみ児《こ》ろ吾《あれ》紐解く　（一四―三三六一）

足柄の山であちこちに仕掛けた罠が騒しく鳴る間にこっそりと男女が紐解くという情景は、女家へ男性が訪れるのが憚かられる間柄だからであろう。同様に、女家の人を気遣って、逢うこと

もできず、愛人の家の近くの霜の上で夜を明かすという歌もある。

　奥山の真木の板戸を音速《はや》み妹があたりの霜の上に寝《ね》ぬ　（一一―二六一六）

実際、板戸をあける音に気を遣ったのは、私が農村調査で「ヨバイ」体験者から聴いたことであった。そして家人にみつかって逃げ出すという村人からきいた場面も、『万葉集』には描かれている。

　汝《な》が母に嘖《こ》られ吾《あ》は行く青雲《あをくも》のいで来吾妹子《こわぎもこ》逢ひ見て行かむ　（一四―三五一九）

女性の母に叱られて行くけれど一目みて帰りたいという歌意であろう。だから、このような状況で二人が逢うこともできずに年がたってしまうならば、いっそ母に二人の間柄を告げてしまおうという歌や、恋死にしそうで母に告白してしまったから、いつでも晴れて通ってこいという歌も、載っている。

　たらちねの母に申《まを》さな君もわれも逢ふとは無しに年ぞ経ぬべき　（一一―二五五七）

　かくのみし恋ひば死ぬべみたらちねの母にも告げつ止《や》まず通はせ　（一一―二五七〇）

女家へのヨバイ

　しかし、娘のもとへのヨバイでその親が妨害するということは、ヨバイによる求婚が社会的に公認されていたところでは、例外的なことであった。大間知篤三によれば愛媛県北宇和郡の山村では、娘のもとへのヨバイにたいして女家が妨害することを「カル」と言っており、「村でも上流に属する家などには、娘のもとへヨバイに来るのをカルもののもあったが、一般の家々にはそんなことはなかった」と述べられている（「南予の通過儀礼」）。むしろ多くの地方では、若者がヨバイに来やすいように、女家では、家の離れなどに娘を寝させたのである。徳島県小松島市櫛渕町でもそうであって、「昔は娘のある家では、離れと称する納屋の二階か、またはその一隅に設けられた部屋か、それのない家では母屋でも家族にわかりにくく外部から忍びこめる部屋に娘を寝させておかないと、村の若者たちからいたずらされた」という（文化庁『日本民俗地図（Ⅵ）解説書』）。いな、娘をもった親たちは、若者が娘の許へ尋ねてこないことをむしろ心配するのである。

『万葉集』の「嬬屋《つまや》」（妻屋）も、一般に、男が女のもとに訪問しやすいように女家の端にたてられた房屋をいう。たとえば柿本人麿が、死んだ恋人の実家をたずねね、嘆いて詠んだ長歌の一節をあげよう。

吾妹子《わぎもこ》と　二人わが宿《ね》し　枕づく　嬬屋《つまや》の内に　昼はも　うらさび暮し　夜はも　息づき明《あか》し　嘆けども　せむすべ知らに……　（二―二一〇）

また、伝説上の真間《まま》の手児名《てこな》を詠んだ山部赤人の歌のなかで、「古《いにしへ》に　在《あ》りけむ人の　倭文《しつ》幡《はた》の　帯解《と》きかへて　伏屋《ふせや》立て　妻問《つまどひ》しけむ……」（三―四三一）と歌われている「伏屋」も、求婚しにやってくる男が女と共にすごす粗末な草屋であり、右の嬬屋と同類のものと言えよう。

若者の「独居のヘヤ」

このように嬬屋であれ伏屋であれ、それは、女家が娘の婚前交遊にいかに協力的であったかを示すものといえる。ところで、婚前交遊のためのこのような特別の屋室は、女家にのみ設けられていたわけではない。男家にも、別棟や母屋の二階などに若者の一人のヘヤが設けられ、そこが婚前交遊の場に供される習わしがあった。たとえば京都府の加佐郡東大浦村（現、舞鶴市）河辺原では、長男が小学校を出る頃になると、親は家のわきや物置の上に、「キヤ」という部屋をつくってくれる。ナジミができると、女がそこに通ってくる（瀬川、同前）。また、与謝郡伊根町でも、若者は親と一緒に寝ない。多くは、海中に張り出した舟小屋の二階に部屋を設けて寝る。そこへ娘が遊びに訪れる（瀬川、同前）。竹野郡下宇川村（丹後町）袖志《そでし》でも、若者の寝室は、多くは、ニワの二階に設けられ、そこへ娘が通ってくるのである（瀬川、同前）。

若者が親と離れた場所で一人寝るこの部屋を、瀬川清子は「独居のヘヤ」とよんだが、そこへは娘が訪れてくるのである。俗に言う「女のよばい」である。この習俗は、瀬川も評したように、「年頃の娘に独居のヘヤをもたせるのと同じである」と言えよう。

「独居の宿」

ところで、この「独居のヘヤ」と並んで、考え難いことだが、一人一室の若者宿――瀬川氏の言う「独居の宿」――の習俗が、同じ丹後＝若狭地方に見かけられた。すなわち京都府竹野郡下宇川村（丹後町）中浜では、若者のネヤドは「青年が一人いる室」

である。自家の部屋の場合もあるが、「多くは親類の室を借りる」という。ここでも女のヨバイが行われていて、土地の人はこの習わしをこう説明した。「娘は両親の手許に居るので、若い衆が〔娘の家に〕行かれやしまへんが。ここの習慣がそうなのであって、娘が、村が寝静まってから行きかえりするので、朝早く歩くと、二人三人の娘に出会わしたものだ」（瀬川、同前）。

また福井県丹生郡城崎村（越前町）厨においてもそうだった。若者が民家の倉などを借りてトマリヤドにし、そこへ娘が訪ねてゆくのが、地元の人によれば「本体」の形であり、「若者の方から娘のいる親の家を訪ねるなどということは滅多にない」という。しかも、「四、五人のツレが一緒にトマリヤドに寝泊りしておっても、ナジミが決まると、独立して一人の宿を借りた」。この一人一室の宿（「独居の宿」）には若者が結婚するまで居つづけるのであり、そこへ娘が通うのである。瀬川が「女の訪婚の風がある」と述べたのは、まことに適切な比喩というべきである（瀬川、同前）。

若者の寝宿がこのように「独居の宿」という形態をとるのは、この丹後＝若狭地方以外に、私は出遭ったことがない。これは、同地方における若者のための「独居のヘヤ」と関連する民俗であることに間違いない。そもそも、若者宿や娘宿は、求愛＝求婚の機能という観点からみれば、若者の「独居のヘヤ」や娘の一人部屋（嬬屋）のいわば集合体とみなされるのである。そこで次に、若者宿や娘宿の民俗をみてみることにしよう。

若者組と娘組

若者男女の若者宿・娘宿が、すでにふれてきたように、未婚男女の交遊の拠点をなしていたが、この宿生活を運営する主体こそが若者組であり娘仲間であった。若者組は「若衆組」とか、あるいは鹿児島県や沖縄県では「二歳《にせ》」とか「ニーサイダー」とか呼ばれていた。十三から十五歳位に入団し（その仲間入りの儀式が多くの場合、既述の成人式の意義をおびていた）、二十歳、二十五歳などの一定年齢で、もしくは結婚によって退団するのであり、村落が年齢階梯制によって編成されているところでは、「中老」などの上位の年齢階梯へさらに上ってゆくのである。

　この若者組は、最年長者が頭となり、年輩序列によって統制された年齢集団であるが、それは村落社会において数々の重要な役割を担っていた。たとえば道づくり、村の入会地の下枝伐り、明治時代以降では出征兵士の家の労力奉仕などの社会公益活動、とりわけ漁村でみられたことだが、漁業の実習訓練という生産教育活動、防火・消火をはじめ、水難救助、急病人が出た場合に病人を医院へ運んだり、医者を町から迎えたりする消防＝救急活動、また他村から入ってくる盗賊など「怪しい者」「胡乱《うろん》な者」への警戒に当り、他村との漁場争い・水争い・（入会地をめぐる）山出入《でい》りに際してはまさに戦士集団として出動し、他方、村内部にあっては、休み日に働くなど、村の掟を破った者を制裁する（ムラハチブ）などの治安警防活動、さらに村の祭りに際しては神輿をかつぐなどの主要な祭礼行事の担当など――が、そうである。

しかし、これに劣らず重要な若者組の役割は、彼らの婚前の交遊を自治的に統制することであった。そして若者が共同に宿泊する若者宿が、右の社会的な諸活動の拠点をなすと同時に、若者と娘との交遊の拠点でもあったのである。

娘の方は、若者組のような整った年齢集団を組織することは稀であり、通常、気のあった者たち数名が、気心のしれた家の部屋を借りて集まり、糸を績《う》んだり、裁縫したりするのである。この娘たちの仲間が集まる場所がいわゆる娘宿であり、そこへは若者たちが訪れ、娘たちとの交遊がくりひろげられたのである。では、若者宿や娘宿における未婚男女の交遊の状況を具体的にみてみることにしよう。

寝宿の三形態　有賀喜左衛門は、寝宿の民俗を次の三種類に区分した。すなわち(1)若者宿と娘宿が併存する場合、(2)若者宿と娘宿の区別がなく同じ宿に男女が同宿する場合、(3)若者宿のみが存する場合——の三種である（『日本婚姻史論』）。

まず第一種の若者宿と娘宿が併存する場合が長崎県南高来郡小浜《おばま》町と千々石《ちぢわ》町においてみられる。そこでは若者宿や娘宿が一集落に五、六戸あり、若者は十四、五歳で若者入りすると、その日から夜具をもって宿に泊り始める。宿の土間で行燈《あんどん》のもと、縄綯《なわな》い、俵編み、草履《ぞうり》作りなどの夜なべをしてから娘宿へ遊びに行く。娘宿には村の有力者の家がなり、娘たちは十五、六歳からそこへ泊りに出る。娘たちも宿で糸取《いととり》の夜業をする。娘宿では、若者が遊びに来るのを拒むことはできず、若者男女の恋愛は親も反対できなかった。少なくとも昭和十年当時から算えて三、四十年前まではそうであった。それ故、娘宿で「男女同宿になる」こともあり、ほとんどの若者は「アオモチ」(馴染)と結婚したという(有賀、同前)。

次に、若者宿と娘宿の区別がなく、男女が共に同じ寝宿に泊る第二種の例は、長崎県南松浦郡の五島で見出された。それは「泊り宿」と称され、寡婦の家とか、老人夫婦しかいない家が選ばれた。そこへは年頃の男女が「各々蓙《むしろ》一枚とどてらに枕とを持って出掛けて行く」。野良仕事や沖の仕事から帰り、晩飯が済むと、めいめいの泊り宿へ出掛けて行く。「決った相手もなく多数の者が同室して泊る間に、それぞれ(意気)投合し、互に結婚の決心がつけば、相宿の者か若者頭の如き人望ある者が双方の親に代り結婚させる」(有賀、同前)。

第三種の、若者宿のみがある場合を、長崎県北松浦郡鷹島町の事例でみてみよう。そこでは若者数名が一つの若者宿に寝泊りする習わしであるが、若者に好きな娘ができると、同宿の友達に間に入ってもらい、「馴染みになってくれるよう」にとその娘に頼む。「娘がそれを承諾すれば、それから娘は若者宿に出入りするようになる」(有賀、同前)。

この若者宿への〝女のよばい〟は、島根県簸川郡北浜村(平田市)の漁業集落でも見出された。実際、この村の人がヨバイという語を説明した際、「娘がワケモン宿を訪ねて、朝飯前にかえる」ことだと述べたという(瀬川、前掲)。もちろん、〝女のよばい〟という習俗が多くあるわけではない。若者宿しか存在しない土地でも、若者が娘の家にヨバイに行ったり、ムラのどこかで出合ったりするほうが、はるかに一般的であったろう。いな、女家へのヨバイは、男女共同の寝宿（右述の第二種の形態）の習俗があるところでも行われた。先にあげた愛媛県北宇和郡の山村では男女共同の「泊り宿」があったので、男女はそこでつねに相会っているものの、それはこの地ではヨバイとはよばず、「女の家に忍んでいくこと」をヨバイとよんだという。

娘たちは自家では多くカッテやオキノ間に寝ていた。そして今夜は忍びこんでもよろしいというしるしに、屋前のわら打ち石の上へ、数を定めて小石をのせておくなどのことがなされた。また細い縄の一端を屋外へたらし、他の一端を自分の片手に結んでねていることもあった。（大間知、前掲）

南方の男女交遊

以上において、日本の婚前交遊の民俗をみてきたが、この原郷も、中国江南やインドシナ半島の地帯であったと考えられる。たとえば中国南部の数省にまたがって広く散在しているヤオ（瑤）族も、自由な婚前交遊を認める民族である。その中の青《チン》褲《クー》瑤では、若者の女家へのヨバイのために特別の工夫がなされている。

娘たちの寝室には、娘のベッドの高さに合わせて、直径二センチほどの「恋愛洞《リエンアイトン》」という孔があけられている。夜半、人々が寝静まり門をぴったり閉ざす頃、棒を持った若者が「恋愛洞」の傍らに来て、棒の先をその小孔に挿しこむ。それで娘は恋人が来たと知り、「恋愛洞」ごしに二人で心の内を綿々と語り合い、いつ果てるとも知れない。けれどもその若者が嫌いなら、娘は眠ったふりをする。（『中国少数民族の婚姻と家族』上巻）

窓辺での恋の語らい

ヤオ族のうちでも茶山《チャンシャン》瑤の場合には、「爬楼《パーロウ》」という情趣豊かな求愛の手法が行われていた。娘が十五歳位になると、家の二階の個室が与えられる。「この個室はバルコニー風に道に張り出していて、夜半、若者たちが壁伝いに二階によじ登って寝室に入り、娘と愛を語らうのである」。複数の若者がやって来て、歌を唄い語り合うこともあるが、特定の若者と恋人関係になると、その若者だけが娘の寝室に入る。「夜になって恋人の声を聞きつけると、娘はバルコニーに出て、若者が首尾よく登って来られるように手を貸す」という（同前、上巻）。

茶山瑤の「爬楼」の習俗と似たものが、湖南・広西・貴州三省の接する地帯に住むトン（侗）族にもみられる。そこでは、娘が気心のしれた数人で一つの家に集まり、糸を紡いで布を織ったり、刺繡や針仕事をする習わしがある。この家を漢語で「姑娘堂《クーニャンタン》」といい、娘宿に当るものと言えるかもしれないが、若者たちもこの姑娘堂へ、琵琶や琴をもって行き、娘たちと問答式の歌を唱い、恋を語るというから、実際には男女共同の宿といえよう。実際、トン語では「男女が集まる場所」という意味で「堂翁《タンウエン》」と称しているという。

このトン族では、この若者男女の宿での男女交遊とならんで、女家へのヨバイも行われていた。

真夜中に若者が、娘が寝ている女家の二階に梯子《はしご》をかけ、「娘と壁越しに歌を吟じ、真情を互いに打ち明ける」という（同前、中巻）。

トン族のこの習俗であれ、茶山瑤の爬楼であれ、男が女家の二階の娘の部屋を訪れて恋を語らう形式は、ドイツ南部とオーストリアにおけるフェンシュタルン（fensterln）、つまり女家の窓辺で愛を交歓する習俗を想起させて興味ぶかい。

中国南部の「独居のヘヤ」

ミャオ（苗）族は中国南部の数省にまたがって居住する民族であるが、そこでは未婚男女の交遊は「游方《ヨウファン》」とよばれていた。各村々には高床式の家が「游《ヨウ》方坡《ファンポー》」（游方を行う場所）として利用されていた。この游方坡は、同姓同宗の男女が恋に陥るのを避けるため、各姓ごとに設けられていた。若者は娘側の游方坡に赴き、口笛をふくなどして合図し、めあての娘を游方に誘い出す。この游方坡は一種の寝宿とみてよかろう。

ミャオ族の親たちは、子供が十二、三歳になると、「游方に参加しやすいように」との配慮から、息子でも娘でも、めいめい一人部屋をあてがうのである（同前、中巻）。この独居部屋は、先にみた茶山瑤で娘に個室を与える習俗と共通し、日本の民俗用語で言えば、「独居のヘヤ」にあたるものとみなされよう。

中国の若者宿と娘宿

さて、中国南部の諸民族にあっては、右にみたトン族の「姑娘堂」ないしは「堂翁」やミャオ族の「游方坡」の例が示しているように、若者男女の集会所（寝宿）が男女交遊の重要な拠り所をなしていた。このことは、日本のヨバイの習俗についてもみてきたことだが、以下、南方の民族の事例を参照してみよう。

まず中国雲南省圭山地区に住むイ（彝）族の一支系サニ（撒尼）人のもとでは、若者宿（男公房）と娘宿（女公房）が併存している。そこへは十四、五歳になった若者や娘たちが集団的に宿泊するのである。彼らは寝宿では少しは仕事もするが、「主として娯楽活動を行ない、愛をかたらう」。彼らが意気投合し、互いの気持を確かめあうと、「最終的には二人で終生の誓いをたてる」という（同前、下巻）。この場合、男が娘宿を訪れるのか、女が若者宿をたずねるのか、という点は報告されていない。

海南島のリー（黎）族でも若者宿（兄弟寮房《ションテイリヤオフアン》）と娘宿（姐妹寮房《チエメイリヤオフアン》）が併存しているが、彼らのヨバイ（「放寮《ファンリヤオ》」ないし「串姑娘《チユワンクーニヤン》」）にあたっては、「男子が娘宿を訪ねるのがしきたりで、女子が若者宿を訪ねることは滅多にない」という（同前、上巻）。

男女共同の寝宿

男女共同の寝宿の習俗も、中国南部に多くみられた。雲南省のトールン（独竜）族の場合がそうであり、未婚男女は毎晩、「夜の帳《とばり》が下りると仲間たちと連れ立って『寝宿』（公房）に集まり、よく深夜まで歌い踊るのを好む。時には『寝宿』で同宿してもよく、親たちは干渉しない」(同前、中巻)。

先に成人式についてふれたチノー族でも、男女共同の寝宿があった。この民族の若者たちは成人式をうけたあと、「饒考《ラオカオ》」という若者組に加入し、若者頭の指揮のもとに夜回りしたり、社会の掟が守られているかを監視したり、また「恋愛の手ほどき」をうける。村によっては「米考《ミーカオ》」という娘組がある場合もある。そして「青年男女は成人儀礼後、夜は必ず村の社交活動に参加せねばならない。村によっては男女が交際するための寝宿(公房)があり、夜間はここで寝泊りできる。しかし、多くの村には寝宿はなく、寡婦や老人の家が社交場となるのであって、男女は必ずしも寝宿で泊るとは限らない」と報告されている(同前、中巻)。

報告者(杜玉亭《トウユイテイン》氏)は、寝宿(公房)を、独自の公共の建物に限定しておられるようだが、日本の寝宿にも、集落の若者がすべて一緒に宿泊する独立の建物もあれば、数名ずつ民家の一隅を借りて寝泊りする場合もあり、後者にはやはり「寡婦や老人の家」、つまり若者にとって気安く泊まれる家が好まれたのである。このようにみると、チノー族ではこの二種の寝宿が併存し、そのいずれの場合にも男女が合宿していたことがわかるのである。

チンポー族(カチン族)の寝宿

同じ雲南省のチンポー(景頗)族の事例をもう一つあげておこう。ここでも解放以前、どの村にも、若者男女が恋を語りあうための寝宿(公房)があり、十五歳頃の男女が「夜な夜な寝宿に行ったり、林の中で掛け合い歌に興じたり、関係をもつことさえできた」。親はこれに一切干渉しなかった。そして娘がそれによって身籠ると、「指腹認父《チーフーレンフー》」を行った。すなわち娘が、子の父が誰かを指名するのであり、指名された者はこれに逆えなかった。彼は牛を供犠して鬼神を祭ることになる。ただ、この二人が結婚するかどうかは双方の家長の決定に委ねられるものの、この種の結婚は少なかったという。生まれた子は娘の方が育て、「ある年齢に達すると、男児は父に引き取られ、女児はそのまま母の手許に残されるのである」(同前、下巻)。

ちなみに右の「指腹認父」は、チベットの兄弟型一妻多夫制家族において父子関係を定める一方法であり(江守『結婚の起源と歴史』)、男女児の平行帰属は、日本でも婚前交渉中の子や婚姻解消の際の子について、古くより親権者を定める一方法であった。

このチンポー族は、ビルマではカチン(Kachin)族とよばれているが、ヒュラー＝ハイメンドルフ(C. von Fürer-Haimendorf)はこのビルマのカチン族の若者宿についてこう述べている。

それは、若い少女と若者たちが集まり合うための小屋である。大多数の村にはこのような小屋が二、三あるが、もしそれがないところでは、それぞれの家族家屋において最も表側の部屋が若者男女によって好きなように使われ、社交や恋愛の生活がそこで演ぜられる。ダルトン(Dalton)の報告によると、それに加え、若干の村には少女のための特有の寝宿があり、その寝宿では少女たちは老婦人の監督のもとに居住し、夜間には自分たちの恋人の訪問をうけ得るのである。若者男女の交渉は、ここでは何らの制約も受けないのである。(*Das Junggesellenhaus im westlichen Hinterindien*)

つまり、カチン族では、(1)男女共同の寝宿が存する場合――この寝宿が男女の集合場所となり、(2)男女共同の寝宿が欠如する場合――家族家屋に息子や娘のためのいわば「独居のヘヤ」が設けられ、そこが交遊の場となり、(3)娘宿が(若者宿と併立してか?)存する場合――娘宿に若者がヨバイしにくる。このようにカチン族には寝宿の種々相が見出され、中国南部の諸民族の事例とあわせると、有賀喜左衛門が日本の寝宿について看取した三種の形式を覆い尽しているのである。

若者組・寝宿の南方起源

そもそも年齢階梯制についてはじめて体系的な研究を行ったシュルツ(H. Schurtz)は、マラヨ＝ポリネシア語族(今日のオーストロネシア語族)において、それが「最も広汎にゆきわたり、最も明確に発達している」と述べるとともに、「マレー系の種族において、そしてその最古の居住領域たるインドシナとインドネシアにおいて、男子家屋(若者宿)と、それから生ずるすべての慣行の起源を求めていけないだろうか」という問題提起を行った(*Altersklassen und Männerbünde*)。

この見方は、日本の年齢階梯制や、とりわけ若者組や若者宿などの習俗が東南アジアに源を発するものだという見解を導くのであり、既述の岡正雄の日本民族生成論もこの見解をとり、岡の薫陶をうけた私たちもそれを継承しているのである。大林太良が最近発表した論文「日本・東南アジア・オセアニアの若者組と若者宿」（『静岡県民俗学会誌』第十六号、一九九六年）も、この見地の上に立っている。そして若者たちの寝宿を拠点として繰りひろげられる未婚男女の交遊も、当然のことながら、この南方系文化要素の一つとして日本に入ってきた習俗だったと考えられるのである。ところで、未婚男女の交遊にとって無視することのできないものに「歌垣《うたがき》」の習俗がある。次項ではこの問題を検討してみよう。

歌垣の古俗とその起源

求愛の二つの機会

若者男女間の求愛は、前項でみたように、特定の日に限られず、男女が相遭うときつねに行われていた。だが、それとは別に、お祭りの際とか、市が開かれる時とか、節日などに、未婚男女が集まり、ともに歌い、ともに踊るなどしながら求愛しあう習俗があった。これが「歌垣」であり、古くは「嬥歌《かがい》」とよばれることもあった。つまり男女の求愛＝求婚の機会には、前項でみた日常的な交遊をとおして行われるものと、この歌垣による場合と、二通りあったのである。

求愛の機会としてのこの二方式は、中国南部の民族の間にもひとしく認められていた。たとえば前項でみたイ族では、「寝宿の慣行と火把節《フオーバーチエ》（松明祭り）」の二方式があった。前項で紹介した寝宿を中心とするものは、同村ないし近村というごく狭い範囲で行われていたのにたいして、イ族の村々で開かれる火把節には、人々が四方八方から集まり、「男女が知り合う絶好のチャンス」だったという（『中国少数民族の婚姻と家族』下巻）。

雲南省西南部のドアン（徳昂）族の男女交遊たる「串姑娘《チュワンクーニャン》」にも、「大きく二つの方式がある」と報告されている。その一つは若者が単独に女家に赴いて「串姑娘」するものであり、もう一つは若者頭（「捜色脳《ソウソーナウ》」）が「村の若者たちを連れて別の村へ行き、その村の娘たちと集団で掛け合い歌をして遊ぶ」ものである（同前、中巻）。

このような歌垣の民俗は日本の西南部に広く分布していたが、それは『万葉集』や『風土記』にも記述されていて、古代の人々も盛んに行っていた習俗であった。そして『風土記』をみても、常陸《ひたち》国の筑波山（茨城県筑波郡）をはじめとして、同じ常陸国香島郡（茨城県鹿島郡）の童子女《うない》の松原、摂津国（兵庫県）雄伴郡《おとものこおり》の歌垣山、肥前国杵島《きしま》（佐賀県杵島郡）にも分布し、常陸国を北限とする日本西南部に点在していたのである。

既婚者も含む場合

この古い文献にも記述されていることだが、歌垣は、もともと筑波山のような山上や、同じ常陸国の童子女の松原のような海の磯辺や、また海石榴《つば》市《いち》（奈良県桜井市金屋《かなや》付近）のような市において、特定の日に男女が集まり、飲食しつつ舞い踊り、歌を掛け合いながら求愛＝求婚する習俗であった。夜を徹して行われることが多く、男女互いに意にかなえば交わることも認められていた。そして筑波山の歌垣のように既婚者が参加することも少なからずあったようである。『万葉集』には、その情景がこう詠まれている。

鷲《わし》の住む　筑波の山の　裳羽服津《もはきつ》の　その津の上に　率《あども》ひて　未通女壮士《をとめをとこ》の　行き集《つど》ひ　かがふ嬥歌《かがひ》に　人妻《ひとづま》に　吾《あ》も交《まじ》はらむ　あが妻に　他《ひと》も言問《ことど》へ　この山を　領《うしは》く神の　昔より　禁《いさ》めぬ行事《わざ》ぞ　今日のみは　めぐしもな見そ　言《こと》も咎《とが》むな　（九―一七五九）

この歌では、〝人妻に私が交わろうと、私の妻に他人が言寄ろうと、それはこの山を支配していた神が昔から禁じていないことだ。だから、今日だけは誰も咎《とが》めだてするな〟というように、性の解放が謳《うた》われている。一年のうちの特定の日（とくに祭礼の日）におけるこの種の性的無礼講の習俗は、世界各地に広く行われていた。

中国少数民族にあっても、既婚者が参加する例が無くはなかった。ヤオ族の一支族たる八排《パーパイ》瑤《ヤオ》では、農暦の大晦日、元旦、二日の三日間だけは、「既婚未婚を問わず男女は山林や野原、家の内外で楽しみ、心ゆくまで唄い、思うさまおしゃべりすることができ、関係をもつことも自由である」。この習俗を「放牛出欄《ファンニュウチュラン》」といい、「三日間の男女の自由な交際には、社会も家族も干渉するようなことはない」という（同前、上巻）。

かつて人類学者は、この種の性的無礼講の習俗について種々の議論を重ねてきた。最古の段階には婚姻制度がなく乱交制が支配していたとする原始乱交制説を最初に唱えたバッハオーフェン(J. J. Bachofen) は、原始期の乱交が「神の掟」にもとづくとする見方をとりいれていただけに、祭礼の際にこの種の無礼講が多く行われることを、ことのほか重くみた。すなわち祭礼の際に、乱交的な性関係をとりむすぶのは、人々が神の掟をおかして婚姻制度をとりいれた罪を償うためなのだ、と主張したのである。今日、原始乱交制説は完全に否定されているので、この見解は荒唐無稽と言われねばならないものの、『万葉集』における「この山を領く神の昔より禁めぬ行事ぞ」の文言は、バッハオーフェンの見解を想い合せると、まことに興味ぶかいものがある。

求婚の機能

いささか本題からはずれたが、「祭礼の際の性的無礼講の習俗」の原義として提起された人類学説のうち、最も有力な説は、成人式に発したという説と、豊饒を祈願する呪術的な習俗とみる説である。私は以前から、そのいずれをとるべきか判断しかねている。ただ、その原義がいずれにあるにせよ、この習俗が若者男女に求婚の機会を与えているという特徴は明瞭に見出される。『常陸《ひたちの》国《くにの》風土記《ふどき》』が右の筑波山の歌垣を説明した文の末尾に、

俗《くにひと》の諺《ことわざ》にいはく、筑波峯《つくはね》の会《つどひ》に娉《つまどひ》の財《たから》を得ざれば、児女《むすめ》とせずといへり。

いやしくも一人前の娘であれば、求婚のしるし（「娉の財」）が、この歌垣の際に男から贈られるということが習わしだったのである。

ちなみに中国のヤオ族のうちの白褲瑤《パイクーヤオ》では、市の立つ日や祭りなどが、未婚男女の交遊の機会である。その際、女は歌を唄い、男も歌うほか、竹筒《チユウトン》や牛角《ニユウチヤオ》の楽器を吹いて応ずる。「意気投合すると、互いに誓いの贈り物を交換して、二人の慕い合う気持ちを表わす」。この贈り物を

交換した二人は昂揚した気分となり、「手に手を取って抱き合うようにして去って行く。その場合、女方が男方を家に伴って閨《ねや》を共にすることもある。すると父母は、娘が上首尾にいったと思って少しも干渉しないが、反対にひとりで帰ってくると、村人のさげすみが待っている」（同前、上巻）。贈り物を交換し、恋人を自家に連れ帰らぬと村人から軽蔑されるという情況は、『常陸国風土記』にいう「娉の財を得ざれば児女とせずといへり」の俗諺《ぞくげん》とまったく一致している。

歌の掛け合いによる求婚

この歌垣における一つの主要な特徴は、男女間の歌の掛合いにあった。長年歌い継がれて定式化した歌や、即興的な歌が男女の集団の間で歌われ、挑発的な愛の歌や、相手側を揶揄《やゆ》する諧謔《かいぎゃく》的な歌によって互いに楽しみあいながら相手を打ち負かそうとしたのであろう。筑波山の歌垣で唱われた歌として『常陸国風土記』が掲げている次の二つの歌も、そのような状況下で詠まれたと解される。

筑波嶺《つくはね》に　逢《あ》はむと　いひし子《こ》は　誰《た》が言聞《ことき》けば　神嶺《かみね》　あすばけむ

筑波嶺《つくはね》に　廬《いほ》りて　妻《つま》なしに　我《わ》が寝《ね》む夜《よ》ろは　早《は》やも　明《あ》けぬかも

〝歌垣で逢おうといっていた娘は、誰の求愛の言葉を聞き入れて神の山の遊びをしたのだろうか〟と、女性に裏切られた男の姿や、〝歌垣の夜に仮小屋で、愛する女性もなしに独り寝る夜はいっそ早く明けてほしいものだ〟と、どの女性にも相手にされぬ男の孤独な姿が、歌われている。当の男性がみずから詠んだ歌ではなくて、おそらく女性たちが男たちをからかってうたった歌であろう。このような歌には、もちろん、男たちも歌で言い返したにちがいない。ともあれ、定式化した歌は数多くあったのだろう。『風土記』は「詠《うた》へる歌甚《いと》多くして載車《のす》るに勝《た》へず」と記述している。

もっとも、このような歌の掛合いは、けっして歌垣のさいに限られはしなかった。成人した男女であれば、昼間、野や山に働きながら、また日が暮れれば村の辻や広場や娘宿や娘の家で、男女が相逢うとき、つねに歌が掛け合われた。沖縄のいわゆる「モーアシビ」(毛遊)は歌垣のように一般に思われているが、実は、それは日常的に行われるものであった。奥野彦六郎によれば(『沖縄婚姻史』国書刊行会)、「日頃の仕事が歌舞に繋《つな》がることも多」いのであり、「若い女が俗にヤガマヤーまたはユナビサヤーと呼ぶ夜業場に寄り合って、たいまつをとぼし、バショウ苧《う》を紡いだりするが、やがて若い男などもそこに集まって歌い、はては三三五五戸外に出て踊ることになるのである」。つまり内地の未婚男女の「夜遊び」の延長上にあり、モーアシビの語の代わりに単に「アシビ」(遊び)とか「ミヤラビアシビ」(乙女遊び)とか「ユウアサビ」(夜遊び)とよぶ所も多かったのである(同前)。

ムーラオ族の歌垣　中国でも、先にみたドアン族の「掛け合い歌」の行事や、八排瑶の「放牛出欄」の際に「心ゆくまで歌う」とか、白褲瑶でも市の立つ日などで男女が互いに歌を唱うなど、歌の掛け合いが恋を実らせる手法であった。この点で、歌垣の原型と目《もく》されるのは、広西省のムーラオ（仫佬）族の「走坡《ツオウポー》」という行事である。それは、祝祭日や縁日、市の立つ日などに行われる。

「走坡」はまず初めに男が「山歌《シャンコー》」もしくは「爛口風《ランコウフェン》」で、女を歌の掛け合いに誘う。山歌とは即興で作る自由形式の歌で、爛口風とは風刺や諧謔によって愛を語る歌である。「女はその男が顔見知りでも初対面でも、掛け合い歌に乗り気でも気乗りしなくても、歌で返答をしなくてはならない。……もし二人の気持ちが寄り添えば、一方が唄えば他方が和す一問一答形式の唄の応酬となる」。

「最初のうちは集団の掛け合いが主体で、男女それぞれ二名の歌い手を選び、その他の人は傍らで聞き手にまわったり、歌詞の智恵を授けたり、順番で歌い手になるかする。そのうちに某男が某女を、もしくは某女が某男を見初めてしまうことがある。……そのうえ相手の歌の力量にうっとりし意気投合すると、集団を抜けて二人だけになる。それでも物足りなければ、次に会う約束をとりつける」。

「こうして数回にわたる集団の、もしくは二人だけの掛け合い歌を通して日増しに親しくなると、互いに思いをつのらせて結婚の約束を交す。深い契りを結んで互いに誓いの品を贈り合うのである。……二人は結婚を誓うと、それぞれの家に帰って父母に告げる」。（同前、上巻）

歌垣の習俗における歌の掛け合いに関する重要な特徴の一つは、その掛け合いが連歌式もしくは尻取り式に行われることである。沖縄の宮古群島の伊良部《いらぶ》島におけるミヤラビアシビの情景について奥野彦六郎が記述しているところによると、「歌の前句と後句を〔男女が〕交互に歌いかわす」習わしがあったという。それは、まさに男女間の歌の掛け合いの最も優雅な形態である。

連歌式・尻取り式

この男女の連歌式の歌の掛け合いで注目に価するのは、奄美大島や喜界《きかいがしま》島における旧暦八月の「八月踊」である。三隅治雄《みすみはるお》によれば、「夜、老若男女が広場や街路に集まって徹宵《てつしょう》して踊り、そこで歌われる歌は、創作であったり、土地で歌いつがれてきた歌詞の一部であったりするが、「相手の歌が出るやいなや、とっさにその歌にはまった歌を返して行く」のである。奄美地方では、この「いわば連歌式な即興歌」を集団で繰返して行くことを〈あぶし並べ〉と言っている。田の畦道《あぜみち》（〝あぶし〟）がどこまでもうねうねと続くように、「互いに相手の歌の意味や語呂《ごろ》を尻取り詞《ことば》のように受取って続けて行くという意味」である。そして踊りが高潮してくると、「歌の応酬が男の群れと女の群れとの間で行われ……、部落によっては初めから男組女組の区別を立てて掛け合いをするところもある」という（「南島のかけあい」『芸能史研究』二）。

男女の間の歌の掛け合いは、沖縄では男女が相集うときにつねに行われたが、右のお盆のときなど、特定の時期に共同体の行事として催されるとすれば、それは歌垣的習俗といってよかろう。

そしてその際、男女の掛け合い歌が〝尻取り〟式に行われたことは、静岡県榛原《はいばら》郡川根《かわね》地方と志太《しだ》郡伊久美《いくみ》村（現、島田市）地方の「ヒヨドリ踊り」についてもみられるところである。この踊りは毎年、旧正月の七日から八日の朝にかけて行われ、若い男女が歌を掛け合い、「その場で男女の意志が合えば婚約が成立する」。たとえば次のように歌が掛け合われる（中山太郎『日本婚姻史』）。

男　心よく持て峰の松、心悪いと風にあう。
女　心悪くはござらぬが、立場悪くて風にあう。
男　子持ち姿で子の無いは、鳥の巣殺しなされたか。
女　鳥の巣殺しはわしゃせぬが、殿さしたかもそりゃ知らぬ。

すなわち男の歌の後半の一つの言葉（「心悪い」「鳥の巣殺し」）が女の歌の冒頭におかれるという「尻取り」式の連歌の形式がみられるのである。

歌垣におけるこのような尻取り式技法に私が注目するのは、実は、それが中国南部にも見出されたからである。雲南省西双版納のタイ（傣）族の一部族の傣仂《タイ・リュ》のもとでは、男女互いに歌を掛け合う「田歌」の習俗があり、その掛け合いに次のような作法が守られていたのである。

歌われる言葉が連接しており、その多くは、上の句の最後の一音が重複するのである。すなわち下の一句は必ず上の句の最後の一音を重複して始まらねばならない。（婁子匡『婚俗志』）

雌雄の二峰

歌垣の習俗について注意されねばならぬもう一つの事柄は、それが山の上で行われる場合に、その山が往々にして雄峰と雌峰にわかれているという傾向である。

まず筑波山の歌垣に関する『常陸国風土記』の記述をみてみよう。

それ筑波岳《つくはやま》は、高く雲に秀で、最頂《いただき》は西の峯崢《みねさか》しく嶸《たか》く、雄《を》の神と謂《い》ひて登臨《のぼ》らしめず。唯《ただ》、東《ひむがし》の峯《みね》は四方《よも》磐石《いはほ》にして、昇《のぼ》り降《くだ》りは峡《けは》しく屹《そばだ》てるも、其の側《かたはら》に泉《いづみ》流れて冬も夏も絶《た》えず。坂《さか》より東《ひむがし》の諸国《くにぐに》の男女《をとこをみな》、春の花の開《ひら》くる時、秋の葉《は》の黄《もみ》づる節《をり》、相携《たづさ》ひ駢闐《つらな》り、飲《をし》食《もの》を齎賫《もちき》て、騎《うま》にも歩《かち》にも登臨《のぼ》り、遊楽《たの》しみ栖遅《あそ》ぶ。

すなわち筑波山が東西二つの峰にわかれており、その一方（西の峰）のみが「雄の神」と称されているが、この文脈からみて東の峰が〝雌の神〟とみなされていたことが推察される。実際、現にこの山は男体山・女体山に分けられているのである。この雌雄二元的構成は、やはり歌垣が行われていた杵島岳についての『肥前国風土記』の叙述に見出される。

杵島《きしま》の県《あがた》。県の南二里《さと》に一孤山《ひとつやま》あり。坤《ひつじさる》のかたより艮《うしとら》のかたを指《さ》して、三つの峰相連《みねあひつら》なる。是《こ》を名づけて杵島《きしま》と曰《い》ふ。坤《ひつじさる》のかたなるは比古神《ひこがみ》と曰《い》ひ、中《なか》なるは比売神《ひめがみ》と曰《い》ひ、艮《うしとら》のかたなるは御子神《みこがみ》一《また》の名は軍神《いくさがみ》。動《うご》けば則《すなは》ち兵興《いくさおこ》ると曰《い》ふ。郷閭《むらざと》の士女《をとこをみな》、酒《さけ》を提《たづさ》へ琴《こと》を抱《いだ》きて、歳《とし》毎《ごと》の春と秋に、手を携《たづさ》へて登《のぼ》り望《みさ》け、楽飲《さけの》み歌ひ舞《ま》ひて、曲《うた》尽きて帰《かへ》る。歌の詞《ことば》に云《い》はく、

あられふる　杵島《きしま》が岳《たけ》を　峻《さか》しみと
草採《と》りかねて　妹《いも》が手を執《と》る。是《こ》は杵島曲《きしまぶり》なり。

ここでも「比古神」「比売神」の二元的構成がとられている。もちろん、「御子神」はこの雌雄二神から生れたとみなされている以上、二元的構成に否定的な存在ではない。何故に山の雌雄二元的構成が筑波と杵島の歌垣の習俗と関連しているのかという点については、恐らく何人《なんぴと》も説明できないであろう。ただ、それが偶然の一致でないことは、タイ国のクメール族における歌垣的習俗から判明したのである。

クメール族の山登り

一九六四年から六五年にかけ、タイ国へ調査に赴いた岩田慶治が、クメール族の一部に、歌垣に似た山登りの習俗を発見した。岩田によると、それはクメール族に伝統的な正月行事の一つで、当時、タイ領に住むこの民族には二ヵ所だけに残っていた。同民族の古い暦だと、今日の四月十三日が正月元日であるが、この山登りの行事は、それに先立つ四月二〜四日の三日間に行われる。

この行事が行われる一ヵ所は、スリン近郊のプノム・サワイという山であり、その山は雄山と雌山にわかれ、今日では雄山には新しい仏像が、雌山には仏足石が、それぞれ祀られている。仏足石とは、釈迦が入滅前に残したといわれる足跡を石に刻んだものである。登山者はこれらに線香を立てて参ってゆく。

この行事は、山登りというだけで、共同の飲食も踊りもなく、またそれとむすびつく性関係の習俗もきかれなかったが、岩田は、この行事が正月行事の一つであって、「日本の農村における卯月八日《うづきようか》の山遊びに比すべき行事」とみなされ、「かがい」(歌垣)の習俗と関係づけて考えられたのである。

岩田は自らの調査日記にもとづいて、この山登りの情景をいきいきと述べている。

男山の山頂は涼しい風が吹いていた。そして、まことにここちよいながめ。ここから、むかいの女山がよく見える。アリの行列のように女山の峰にとりついている人々。こちらの峰から男がひとり、オーオーとよぶと、まわりの男女が唱和してオーオーオーオーというよびかけが響いていく。そうすると、こんどは女山の人々からオーオーとこたえる声が返ってくる。男も女も、きょう一日はすべての仕事から解放されてうきうきとしている。赤、黄、空色など、若い女性の単色のブラウスが新緑の木々にはえてよく似合う。日ごろ泥まみれになっていた彼女たちが、いつこんな美人になったかと自分の目を疑うほどである。一年に一度の山登りが、どれほど彼ら彼女らにとって楽しいことであろう。

着飾った男女が呼び掛け合う様は、まさしく歌垣における歌の掛け合いを彷彿とさせる。たしかに、卯月八日《うづきようか》(四月八日、農民の重要なお祭りの日)に、筑波山などでは例祭(かつての歌垣)が行われたし、「わが国の筑波山のように男山、女山にわかれていること」も、岩田がプノム・

サワイの山登り行事を日本の歌垣習俗に比定した所以《ゆえん》である。まさに慧眼というほかない（以上、岩田慶治『日本文化のふるさと』）。

以上において、日本の歌垣の習俗について、南方の諸民族における同種の習俗と比較しながら分析してきた。それは日本でも南方でも一年の特定の日（正月とか卯月八日とか、祭礼の日とか、市のたつ日とか）、若者男女が——ときには既婚者も交えて——相集い、互いに歌を掛け合って情を通じ、生涯の伴侶を選びだすという求愛＝求婚の役割において、またその歌の掛け合いが連歌式で、とりわけ「尻取り式」の技法が用いられている点において、しかも、それが山上で行われる場合、何の理由によるものか判らぬが、山の二つの峰を雄峰と雌峰として二元的に捉えようとする発想において、あまりにも酷似した性格が看取されるのである。そのような意味で、今日、人類学界で、歌垣の原郷が中国江南からインドシナ半島に及ぶ地帯であることに、誰一人として疑問をいだく者はいないのである。

《踏歌式》歌垣の民俗

宮廷文化と民間伝承

前項でみてきた歌垣と関係して考えておかねばならない民俗として「踏歌《とうか》」がある。それは元来、古代中国から日本の宮廷文化に採り入れられたものであるが、この踏歌に類するものが岐阜県を中心に、東海地方や近畿地方の各地で民間の行事として見出されるのである。そしてその多くが歌垣と酷似しているため、この《踏歌式》歌垣の民俗がどのような経緯で各地で行われるようになったのかという問題が投げかけられるのである。次に、この問題について考えてみることにしよう。

宮廷文化としての踏歌

まず最初に、日本古代の宮廷社会における踏歌の状況を史料からみてみよう。宮廷における踏歌は、文献上、持統《じとう》天皇七年（六九三）をもって嚆矢《こうし》とする。『日本書紀』の同年正月十六日の条で「是の日に漢人《あやひと》等、踏歌奏《あられはしりつかえまつ》る」と記され（「あられはしり」とは踏歌の和語）、翌八年正月十七日の条では「漢人」が、また同十九日には「唐人《もろこしびと》」が、それぞれ「踏歌奏る」と書かれている。ついで『続日本紀』は聖武《しょうむ》天皇天平《てんぴょう》二年（七三〇）正月十六日の条で、

天皇、大安殿に御して五位已上《いじょう》を宴す。晩頭に皇后の宮に移幸す。百官の主典已上、陪従《ばいじゅう》して踏歌し、且《かつ》は奏し且は行く。宮裏に引入れて以て酒食を賜う。

と記述しており、また天平六年（七三四）二月一日の条には、

天皇朱雀門に御して歌垣を覧《み》たまう。男女二百四十余人、五品已上の風流ある者、皆其の中に交り雑《まじ》わる。正四位下長田《おさだ》王……等を頭と為し、本末を以て唱和《しょうわ》せしむ。難波の曲……の音を為して都中の士女をして縦観《しょうかん》せしめ、歓《かん》を極めて罷《や》む。歌垣を奉れる男女等に禄《ろく》を賜うこと差《しな》有り。

とある。ここで歌垣の語が用いられているが踏歌のことであろう。さらに天平十四年（七四二）正月十六日の条には、「天皇大安殿に御して群臣を宴す。酒酣《さけたけなわ》なるとき五節《せち》の田舞を奏し、訖《おわ》って更に少年の童女をして踏歌せしむ」とある。

このように渡来中国人が奏し、またはそれを見倣《みなら》った華やかな舞踊が日本の宮廷内で演ぜられていたが、実は本場の唐にあっても皇帝が踏歌に歓を尽していたのである。『旧唐書《くとうじょ》』の睿宗《えいそう》紀に「上元（正月十五日の節日）の日の夜、上皇安福《あんふく》門に御し燈《とう》を観る。内人（宮女）を出し袂《たもと》を連ねて踏歌せしめ、縦《ほしいまま》に百寮（百官）に之を観しむ」とあり、『朝野僉載《ちょうやせんさい》』にも「唐の明皇《めいこう》（玄宗）先天二年（七一三）正月十五十六十七の夜、安福門外に於て高燈を作り少女をして其の下に踏歌せしむ」と書かれている。

おそらく日本の朝廷もこの唐朝の盛儀を見倣ったものであろう。そして八世紀前半であろうが、わが宮廷に内教坊《ないきょうぼう》（節会《せちえ》や内宴の際に奏する女楽を舞姫に教習する施設）が設けられた。『続日本紀』の淳仁《じゅんにん》天皇天平宝字三年（七五九）正月十八日の条で「五位已上、及び蕃客《ばんきゃく》（渤海《ぼっかい》の使臣）、并《あわ》せて主典《すてん》已上を朝堂《みかど》に饗《あえ》し、女楽《にょがく》を舞台に作《な》さしめ内教坊の蹋歌《とうか》（踏歌に同じ）を庭に奏せしむ」と記されている。このため踏歌は舞妓のみに行わしめるという傾向が生じたのである。

ところで、『類聚三代格《るいじゅうさんだいきゃく》』（巻十九）によれば、称徳天皇天平神護二年（七六六）正月十四日に「両京畿内の踏歌を禁断するの事」という太政官符が発せられた。この禁令には「今聞く、里中の踏歌、承前より禁断す。しかるに捉搦《そくじやく》（法）に従わず、猶濫行《なおらんこう》すること有り」と書かれており、この年以前にすでに禁令が出ていたと思われ、田舎風の男女の踏歌（歌垣）が禁遏《きんあつ》されたのであろう。池田弥三郎は、この禁ぜられた「里中踏歌こそ歌垣そのものを指したものであろう」と述べているが（『日本芸能伝承論』中央公論社）、正鵠《せいこく》を射た指摘であろう。

このようにいっぽうで「里中踏歌」を禁じつつ、『続日本紀』によれば、翌神護景雲元年（七六七）十月二十四日には大極殿《だいごくでん》に御して「唐高麗《こま》の楽及び内教坊の蹋歌を奏せしめ」ているのであり、さらに宝亀《ほうき》元年（七七〇）三月二十八日には、称徳天皇が、二月二十七日より行幸していた河内の由義《ゆげ》宮（弓削宮）において、葛井《ふじい》・船《ふな》・津《つ》ら六氏の男女二百三十人を歌垣に供奉《ぐぶ》させているのである。すなわち次のように叙述されている。

其の服並《とも》に青摺《あおずり》の細布《ほそぬの》の衣を着し、紅の長紐《ながひも》を垂る。男女相並び、行を分ちて徐《おもむ》ろに進む。歌いて曰く、

　乙女等《をとめら》に男立ち添ひ踏みならす西の都は万代《よろづよ》の宮（原文は音仮名）

其の歌垣、歌いて曰く、

　淵《ふち》も瀬も清くさやけし博多《はかた》川千歳《ちとせ》を待ちて澄める川かも

歌の曲折ごとに袂《たもと》を挙げ節をなす。其の余の四首は並に是れ古詩なり。復《ま》た煩《わずらわ》しく載せず。時に詔して五位已上、内舎人《うどねり》及び女孺《にょじゅ》も亦《また》其の歌垣の中に列せしむ。歌数闋訖《やみおわ》りて、河内《かわち》

大夫《たいふ》従四位上藤原朝臣雄田麻呂《あそんおだまろ》已下、和儛《やまとまい》を奏す。

このように男女がともに参加し、〝乙女等に男立ち添ひ踏みならす〟というさまからみれば、踏歌はそのがんらいの姿に復したかにみえる。

平安朝に入ると、踏歌は正月十四日の男踏歌と同十六日の節会《せちえ》の女踏歌にわかれて行われるようになる。男踏歌は催馬楽《さいばら》と結びつき、催馬楽の曲が奏せられたが、宮廷でそれが行われたのは、真弓常忠《まゆみつねただ》によれば、天元《てんげん》六年（九八三）をもって終焉をつげたという。他方、内教坊で習得され節会行事として宮廷で行われた女踏歌のほうは中世まで伝えられたといわれる（真弓「住吉神社の年頭予祝儀礼」『神道学』九五）。

かように男踏歌は宮廷では早く姿を消したが、熱田《あつた》神宮や石清水《いわしみず》八幡宮、住吉《すみよし》大社などにそれが伝えられ、今なおその古き伝承を保持しているのである。

《踏歌式》歌垣の民俗　ところで、ここで興味ある事柄は、最初にふれたように、民間にも踏歌に類する習俗が行われていたという事実である。しかも、それは男踏歌・女踏歌にわかれる以前の古い姿を留めていたのである。この典型例を、私は富山県の五箇山《ごかやま》、東礪波《となみ》郡平《たいら》村上梨《かみなし》の白山宮における「まいまい」（舞々）踊りに見出したのである。高桑敬親《たかくわけいしん》の報告書（『古代民謡、筑子の起源考』）によれば、白山宮の拝殿（間口二間、奥行六間）の中で、毎年、中盆に「掛合歌垣の踏歌」が行われたという。

未婚の青年男女が入り交じり、手をつなぎ、左手の方を向いて行進する円陣であった。歩調に合わせ色々な民謡の総ざらいをした。歩調に合わす為に四拍子のものも二拍子にして歌った。そして連歌のように男が上句で問えば、娘は下句で答える式のもあった。

高桑があげた問答式の歌の一つをあげてみよう。

男「娘どこにねる。寝床はどこじゃ」

女「東枕の窓の下」

男「窓の下とは聞いてはいたが」

女「どこが西やら東やら」

『越中五箇山平村史』では、この歌舞がこう説明されている。「その歌声は休むところを知らず、ときには新作が生まれ即興が飛び出して延々と朝まで続く。手のつなぎ方は、左手は自分の前で前方の人の右手と組み、右手は自分の後で後方の人の左手と組む。前の人にくっつき合うほどに並んで輪をつくるが、ときには女の間に男が割り込むこともあった。夜も更《ふ》けて幾分疲れ気味になると歌に切れ間ができる。今まで森一ぱいに響いた歌声がポツリと消えて、床《ゆか》ずれの足音だけが静かな森の中にしみる」。

盆に踊るのが建前のようだが、春秋の祭りや各種の祝事や宴会の後でもよく行われたという。また未婚者だけでなく、既婚の男女も加わったといい、平村教育委員会の高田俊夫から聞いたところでは、「今日でも年寄たちが酒を一杯のむと、手を取り合って『まいまい』を踊り、〃隣の奥さんの手を取っても文句を言われることはない〃」という。

ところで、この歌舞において男女の歌の掛け合いが行われるが、上句と下句が、高桑の言うように「連歌」式に関わりあい、とくに「尻取り式」もみられ、前掲の歌では、女の後句の「窓の下」が次の男の上句で反復されており、このことは歌垣の一つの特質として右に論じたところである。ちなみに、この上梨では「まいまい」とは別に、未婚男女だけが盆の精霊焼きのため、集落から二百メートルほど高い山上に登り、そこでも歌垣のような催事がかつて演ぜられたという。

私が『平村史』の記述で最も注目する点は、「床ずれの足音だけが静かな森の中にしみる」の一文である。大地を踏みならして人々が精霊に呼びかけているような、神秘な情景が眼に浮かぶのである。このことは、臼田《うすだ》甚五郎《じんごろう》の論文「歌垣の行方」(『国学院雑誌』五九—一)にもすでに指摘されているところである。臼田は、「歌を歌いながら、足踏みするようにして、足音高くふみならして前進して廻る」というこの歌舞の方式について、「精霊を踏み鎮める意味があるようだ」と述べている。

そしてさらに興味深いのは、〃尻取り式〃に関して先にあげておいた静岡県榛原《はいばら》郡中川根《なかかわね》村三《みつ》間《ま》(現、中川根町久野脇《くのわき》)の佐沢《ささわ》薬師における「ヒヨ(ン)ドリ踊り」につき、臼田は、「単調な足踏みという所作」に注目して「唐来の踏歌が歌垣に受容されたあたりも窺えるようだ」と論じていることである。また同県磐田《いわた》郡竜山《たつやま》村瀬尻《せじり》の白山権現《はくさんごんげん》社、天竜市横山《よこやま》町の熊野権現社の「ヒヨドリ（比与杼利）歌」も〝本歌〟と〝末歌〟の掛け合いとなっており、この歌舞について『遠江国《とおとうみのくに》風土記伝』の編者である内山真龍《またつ》自身が詠んだ長歌のなかに、「人妻《ひとづま》毛手携弖《もてたずさえて》、踏《ふみ》鳴須足音止杼呂爾《ならすあのととどろに》、保具歌波《ほぐうたは》」という一句があり、臼田は「男女入り交る踊であり、足音高く踏み鳴らす踊であった事が察知出来る」と述べられている（同前）。

このように静岡県大井川沿いと天竜川沿いの両地方の「ヒヨドリ踊り」の名で知られる歌舞は、単に歌垣の意味ばかりでなく踏歌の性格をも具えていたのである。ところで、文化庁の星野紘《ひろし》が右述の富山県平村を含め、それに南接する岐阜県の各地でこの種の民俗を調査しており、私も直接教示に接し得たが、星野によれば岐阜県吉城《よしき》郡河合村、大野郡朝日村、同郡荘川《しょうかわ》村、郡上《ぐじょう》郡白鳥《しろとり》町などで、いずれも神社の拝殿（踊り殿ないし踊り場ともいう）の中で男女が手をつないで踊る民俗があり、その神社の拝殿はいずれも板張りにされており、その床の上をわざわざ下駄などの履物をはいて踊り、音をたてるという。そして星野もやはり、この種の歌舞を踏歌形式をともなう歌垣とみなしていたのである。ちなみに、星野によれば、この種の歌舞習俗は京都市左京区広河原《ひろがわら》の観音堂をはじめとして奈良、岡山両県にも分布しており、かつては四国地方にも行われていたとのことである。（図4参照）

1　静岡県島田市伊久美
　　—— 中山太郎『日本婚姻史』による
2　〃　榛原郡中川根町久野脇……佐沢薬師
3　〃　磐田郡竜山村瀬尻……白山権現社
4　〃　天竜市横山町……熊野権現社
　　—— 以上，3例は臼田甚五郎「歌垣の行方」(『国学院雑誌』59巻1号）による
5　富山県東礪波郡平村上梨……白山宮
　　—— 高桑敬親『古代民謡 筑子の起源考』
　　　　『越中五箇山 平村史』
　　　　平村教育委員会高田俊夫氏の教示　｝による
6　岐阜県吉城郡河合村……専勝寺
7　〃　大野郡朝日村……村内各神社
8　〃　大野郡荘川村……一色惣則白山神社
9　〃　郡上郡白鳥町……町内各神社
10　京都市左京区広河原……観音堂
　　—— 6～10は星野紘氏の教示による
（付）古式の踏歌神事（×印）
　　a　熱田神宮
　　b　住吉大社

図4　《踏歌》式歌垣の分布図

踏歌の本来のかたち

そもそも踏歌とは、宮廷において衣冠を正し錦繡《きんしゅう》に身を飾る官吏や宮女の歌舞に発したものではない。もともとは、「地を踏み身を揺がせて歌う」ことが、本来の形だったようである。しかも、土橋寛《つちはしひろし》が論じたように、「大地に萌《も》え出た春の青草を踏んで歌舞・飲食する民俗的な野遊びの行事」に発し、だから、唐代のように単に上元《じょうげん》（正月十五日）の夜の行事としてのみではなく、二月十五日（花朝）や三月三日（上巳《じょうし》）などにおいても「踏青《とうせい》」（青草を踏むの意）とよばれて催されることが多かったという（『古代歌謡と儀礼の研究』岩波書店）。

ところで、中田薫《かおる》が歌垣に似た習俗として『四裔考《しえいこう》』から摘示している事例のうち踏歌に類するものは、両広・湖南・雲南に居住する瑶族《ようぞく》（ヤオ族）の「踏傜《とうよう》」である（『法制史論集』一、岩波書店）。

十月朔日《ついたち》、各《おのおの》聚落を以て都貝大王を祭る。男女各列を成し、袂を連ね相携えて舞う。之を踏傜と謂《い》う。意あい得れば、即ち咿《い》嗚《めい》して女群に躍り入り、愛する所を負いて去り、遂《つい》に夫婦と為る。

という習俗である。

土橋があげた「踏青」が浙江・江西の両省にみられた習俗であるというから、中田が指摘したヤオ族の「踏傜」とともに、それらは、歌垣が最も盛んな江南の地に生じた民俗ということがわかる。宋代の『宣和書譜《せんなしょふ》』(巻五)には、踏歌を「南方の風俗」とし、「中秋の夜、婦人、相持《あいじ》して踏歌し、月影の中に婆娑《ばしゃ》す」と解説している。婦人が手を取り衣を翻して舞う習俗だというのであろう。ともあれ、歌垣も踏歌も、原郷が同じ江南地帯だとみても、あながち牽強《けんきょう》付会《ふかい》とはいえないかもしれない。

また、星野紘の論稿「中国貴州省苗《ミャオ》族侗《トン》族地区紀行」(『民俗芸能』六五号)には、ミャオ族系の⿰亻革家《コーチャ》という部族の間で「〃踩青〃という三月の行事があって若い男女が盛んに踊る」と書かれており(「踩」は少数民族の言葉で、「踏」にほぼ同じ意味という)、いわゆる「踏青」が南方系であることが示唆されている。

そしてさらに踏歌の由来に関しても、星野は、「唐代宮廷の踏歌は西南地域少数民族の舞踊が都へ入って洗練されたものであり、西南地域には今なお少数民族の地にこれが伝えられているという見方」が、祁慶昌《きけいしょう》の説(「打歌踏歌考略」『民族文化』一九八一年第四期所収)として紹介されている。きわめて貴重な学説である。

歌垣と踏歌の関係

このようにみてくると、次のような仮説が提示されよう。

第一に、踏歌と歌垣は、もともと中国江南地帯における同じ男女交遊の歌舞習俗であった。それは男女(とりわけ未婚の)が互いに歌い、共に踊り、それをつうじて求愛=求婚するものであった。その踊りには、多かれ少なかれ大地を踏みならす要素が含まれていた。

これが、前項でみた歌垣の原型である。

第二に、この歌垣の原型は、江南地帯から日本列島に伝播し、古来、多くの地方で歌垣の民俗をはぐくんできた。岐阜県を中心とする近畿・東海の地方にみられた「踏歌式歌垣」は、元来、歌垣の踊りに内包されていた〝踏みならす〟動作が顕著に前面に出たもので、もともと歌垣の民俗の一部にほかならないのである。

第三に、唐王朝は、中国江南の歌垣の原習俗を見倣いつつも宮廷風に雅《みやび》な姿に作り直したのであり、それがいわゆる踏歌であり、その踏歌では男女間の求愛＝求婚の本来的機能は喪失していたことであろう。

第四に、この宮廷文化としての踏歌が日本古代の宮廷に受容されたが、すでに男女間の求愛＝求婚の役割を失っていたものだけに、男踏歌と女踏歌にわけられたのも不思議ではない。この宮廷文化の踏歌は、後に熱田神宮や住吉大社などに引き継がれて残ったが、民衆の間にまで継がれることはなかった。

以上の仮説は、日本に受容された宮廷文化としての踏歌と、岐阜県を中心として民間で行われた「踏歌式」歌垣とが、何ら直接の関係を有していないという見方の上にたっている。「踏歌式」歌垣には、歌垣の揺籃の地、中国江南の地帯で保持していた男女間の求愛＝求婚の機能が、なおも明確に見出されているのである。宮廷社会で失ったこの機能が、民間に入って突然復活するとは考えられないのである。

　こうみると、大地を踏みならす所作をともなう「踏歌式」の歌垣も、通常の歌垣の民俗の一環をなすものとみなされて差支えないのである。つまり「踏歌式」歌垣も、求愛＝求婚の機能をもった男女交遊の習俗にほかならないのである。

《一時的訪婚》諸慣習の原型

問題の所在

一時的妻訪婚　すでに本書の序章で述べたことだが、嫁入婚とともに日本の伝統的な婚姻類型をなしていたのが民俗学のいわゆる婿入婚《むこいりこん》である。この「婿入婚」という語が、人類学の「妻方居住婚」と誤解されるのを避けるため、私はこの語の代りに「一時的妻訪《つまどい》婚」という術語を用いてきた。

まず、この「一時的妻訪婚」について説明すると、男女の婚前交遊たるヨバイをつうじて二人が結婚の約束をすると、男は寝宿の親もしくは実親などに連れられ、酒肴を少しばかりもって女家へ赴く。すでにこのことを内々知っていた女の方の親が、もしこの結婚を認めるときは、その場で男と〝親子の盃〟をかわす。これがいわゆる〝婿入りの式〟であり、二人の結婚が正式に認められたことになり、爾後《じご》、婿となった男は毎夜、女家に通うのである。

こうして夫婦となってからも、数ヵ月あるいは数年間、別居のまま〝妻訪《つまど》い〟が続けられたあと、嫁は夫家に引移る。この夫家への引移りの際、夫家でそれを祝う式があげられるが、それは一般に簡単であった。この引移りのとき、すでに子供ができていることが稀ではなく、嫁が子供を背負っていく姿もしばしば見られたという。

他の訪婚諸習俗

このように婚姻が成立したのち、一定期間、夫婦が別居する習俗は、一時的妻訪婚のほかにもみられた。民俗学でいう「足入《あしい》れ婚」と「女よばい婚」は、婚姻成立の儀礼が妻家ではなくて夫家であげられる点で一時的妻訪婚と異なるものとみなされ、とくに後者では、別居期間中の訪問が〝妻の夫家訪問〟（俗に言う女のよばい）という形式をとっており、この点でも一時的妻訪婚と区別されてきた。また大間知篤三の命名にかかる「寝宿婚」では、婚姻成立の祝が男家と女家のいずれかで行うというきまりはないが、別居期間中の婚舎が寝宿（若者宿の場合もあるが、娘宿のほうが多い）である点に特殊性がみられる。

ただ、これら三つの婚姻習俗も、婚姻成立の当初、夫婦が別居し、その間、婚舎が妻家・夫家・寝宿の違いがあるにしても、訪問による夫婦生活を送るという点で、一時的妻訪婚（婿入婚）と共通しているのである。そこで私は、この婚姻成立当初の別居＝訪問婚の諸習俗を《一時

的訪婚》という術語で総称することとする。すなわち《一時的訪婚》という概念のうちに、

「一時的妻訪婚」（民俗学のいわゆる「婿入婚」）
「足入れ婚」
「女よばい婚」（いずれも大間知篤三の造語による）
「寝宿婚」

を包摂させるものとする。もっとも、この一時的訪婚の諸習俗のうちでも、最も一般的なのは「一時的妻訪婚」（婿入婚）であり、従来、民俗学でも人類学でも、一時的妻訪婚が最も重視されてきたのである。

中国の不落夫家婚との比較

この一時的妻訪婚の習俗は、年齢階梯制や、寝宿や婚前交渉などの南方系文化要素と結びついており、しかもそれが日本西南部の地帯に集中的に分布していることから、従来、南方系文化に属するものとみなされてきた。大林太良は一九七一年に、この考え方を一歩前進させ、それが、中国の江南からインドシナ北部にかけて行われている《不落夫家《ふらくふか》婚》につながるものだとする仮説を発表した（「古代の婚姻」『古代の日本』第二巻、角川書店）。爾来、私もこの説を支持してきたのである。

しかし、厳密にみれば、この両者は必ずしも同じ形態の婚姻習俗ではない。なるほど中国江南の少数民族における不落夫家婚は、婚姻成立後、新婦が直ちに夫家へ引移らず一定期間（多くは

初生子誕生まで）夫婦が別居し、この間、訪婚が営まれるのであり、この点で日本の一時的妻訪婚と共通しているのである。しかし、次の二点で両者は相異なっているのである。すなわち第一に、婚姻成立儀礼が日本では妻家であげられるのにたいして、中国江南では夫家であげられるという点であり、第二に、別居期間中の訪問が日本では夫の妻訪いであるのにたいして、中国江南では妻の夫家訪問であるという点である。

この相違点から私が想い当ったのが、右に述べた「足入れ婚」と「女よばい婚」であった。その両者では婚姻成立の儀礼が夫家であげられ、後者では別居中、妻が夫家を訪れるのであり、この点で不落夫家婚との共通性が看取られるからである。つまり日本の一時的妻訪婚と相違する点が、逆に中国の不落夫家婚と共通していたのである。一九九二年、私は「日本の民族文化と家族慣習」なる報告の中で、この点から日中両国の婚姻習俗を改めて比較する重要性を指摘したのであり（『国際シンポジウム「アジアの伝統的慣習法と近代化政策」報告原稿集』）、そしてさらに一九九七年には拙稿「日本の訪婚諸慣習の原型究明」（『白鷗法学』第八号）で、この問題の具体的な検討を試みたのである。

このような問題関心から、次に中国江南のミャオ（苗）族の不落夫家婚を考察することとする。

中国の不落夫家婚と日本の足入れ婚・女よばい婚

ミャオ族の不落夫家婚

中国の江南における不落夫家婚の具体的事例として、黔東南《けんとうなん》（貴州省東南部）に居住するミャオ（苗）族の民俗を紹介してみよう（以下、『中国少数民族の婚姻と家族』中巻参照）。

〔嫁入の儀礼〕　祝言の前日、男家は「十数人の青年、壮年の男性と十数人の若い娘（必ず偶数）を新婦の家に遣って嫁を迎えに行かせる」。そして新婦は見送りの親族に別れの挨拶をし、「嫁迎えの人々と一緒に新郎の家に歩いて行く」。夫家に着いた新婦はしばらく休憩したあと食事を取るが、この際、「肉や魚を少し地面にまいて、〔夫家の〕祖先を祀らねばならない」。そして、「新婦はこの結婚式の日に、新郎の家で水汲み、米の脱穀といった仕事の所作をする。これは新婦が夫の家の一員となる儀式で、祝いに駆けつけた客たちはこの様子を見守り、とても華やいだ雰囲気になる。この後、新郎の家で客をもてなす宴会となるが、長方形の机のまわりに男女別々に坐り、飲めや唄えやとなる」。

結婚式の祝宴は、「数日つづく所もあれば、一日で終わる所もある。この期間中は、新郎新婦は一緒に寝ることができず、それぞれ仲間たちと一緒に寝る。宴会が終わると、新婦は付き添ってきた娘たちと実家に帰り、新郎側も女性を新婦に付き添わせる」。

〔夫婦の別居と妻の夫家訪問〕　右のように結婚式のあと新婦は実家へ里帰りするが、「夫の家へはすぐには戻らない。正月や祭日、あるいは農繁期や夫の家で重要な事があった時には、夫方からの再三の要請によって、夫の家に数日間だけ泊る。この時夫方は青年男女に贈り物を持たせて嫁を迎えに行かせる。女の家でも酒や料理を用意して夫方から迎えにきた人々をもてなす。一年のうちこのように何度か行き来する。このような機会において初めて新郎と新婦は同衾できる。新婦が夫の家に泊まっている間、鍋、甑《こしき》、鉄ベラや鍋の蓋など厨房道具に手を触れてはならず、食事の時も他の人によそってもらわねばならない。新婦は客人のようである。逆に実家では新婦の地位に変化はない。これを俗に『不落夫家《ブーローフーチャ》』という。新婦がいつ夫の家に住む（黔西北一帯でこれを「坐家《ツウォチヤ》」という）ようになるかは、主に夫婦間の感情、妊娠の時期、結婚時の年齢によって決まる。一般には一、二年から五、六年と幅があるが、もし妊娠しなくても、三年から五年ぐらいたてば、夫の家で住むようになる」。

〔妻の夫家引移り〕　「新婦が夫の家に住むことが決まると、吉日を選んで夫の家で『御飯炊き』か『機織り』の儀式を行なう。まず新婦が自ら御飯を炊いて祖先に供えるのであり、その後、姑か夫の一族の女性が新婦に付き添って嫁の実家に帰る。今回の里帰りはこれまでと違い、新婦は実家において娘としての地位と身分を改め、実家の鍋や竈、日用品に二度と触れない。新婦が夫の家に戻る際、子宝に恵まれるようにと、新婦側の親族が粟の穂を新婦に持たせる。これら一連の儀式を経て、新婦は正式に夫の家の成員になり、夫婦の新生活が始まる」。

以上、ミャオ族のもとでの不落夫家婚の婚姻成立の方式を概述した。第一に、婚姻成立儀式はたしかに夫家で挙げられている。新婦は夫家に赴き、夫家側が用意した食事をとり、肉や魚を地面に撒いて夫家の祖先を祀り、水汲みや米の脱穀の所作を行って夫家の一員となったことを表わすのである。日本の一時的妻訪婚のように男が妻家へ行って妻の両親と〝親子の盃〟を交わすいわゆる〝婿入りの式〟とは正反対である。そして第二に、不落夫家の期間中、夫家側の要請によって新婦が夫家を訪問するのであって、日本のように夫が妻家を訪れる〝妻訪い〟ではないのである。

しかし、不落夫家婚と一時的妻訪婚との間のこのような相違こそが、先にも述べたように、「足入れ婚」や「女よばい婚」と共通する点であった。

伊豆大島の足入れ婚

まず「足入れ婚」とは、新婦が男家に初入りする儀礼を伊豆の大島では「アシイレ」と称することから、大間知篤三が名付けた術語である。この大島の事例を大間知の報告によって見てみることにしよう（「足入れ婚とその周辺」「伊豆大島の婚姻と女性」）。

〔「アシイレ」の儀礼〕「若者たちが娘のいる家へ遊びに集まる。若者たちの遊びに来ない娘の母親は、『おれげの娘は相手なしだ』と言って心配する。婚礼の相手を選び定めることは若い男女に委されていた。相手が定まると、若者は娘の家で泊まるようになる。男家から縁談が申しこまれ、女家で承諾する。その夜から若者は公然と娘の家で泊まることになる。そのうちに嫁の初入りとなるのであり、それをアシイレという」。ところで大間知が差木地という集落で一老婆から聴取されたアシイレの儀式は、「嫁が初めて婿方の水を汲むという形でおこなわれていた」という。すなわち「初めて水を汲みに行くとき、嫁は不断着姿であり、ただ一人で来る場合もあるが、母親がついて来ることが多く、ことにおとなしい内気な娘の場合はそうである。嫁の母親から『おれげの菊枝を、ここの家のもんにしてくれたっちゆなァ、たのむだい』という風な挨拶をする。嫁は水を汲んできて、甕に入れる。すると姑は『お茶でも飲んでゆけよなァ』とすすめるが、嫁は『いま家で飲んできた』といって、そのまま帰っていくというのである」。

〔妻訪い〕「婚姻成立祝いたるアシイレは、多くはこの程度のものであり、それ以外に嫁方儀礼すなわち嫁の親と聟との対面の式は何も行われない。以後も嫁は生家で暮らし、生家で食べ、生家の仕事をしているが、ただ朝晩聟方のために水を汲むことだけは、必ず果たさなければならない嫁としての勤めであった。そして聟方のとくに忙しい日には終日手伝いに行った。聟は毎夜嫁方に通い、夜食朝食は嫁方で食べることが多かった。かくしてアシイレ以後一、二年、多くは三年以内に嫁は聟方へ引き移る。初子ができるまでに引き移るものが多かったらしいが、三人も子ができても引き移らずにいる嫁もあった。嫁の引移りの時期を決定する条件は、嫁方にも色々あろうが、聟方の親が隠居別竈《べっそう》の生活に入ることが、その際の欠くべからざる条件であった」。

〔妻の夫家引移り〕「嫁の引移りの際の祝いを、元村や差木地では祝言と呼んだらしいが、野増では世帯ビロメと呼んでいた。それらは婚姻の披露、新世帯の披露、隠居の披露を兼ねた祝いであり、アシイレに比して遥かに盛大に挙行された。祝言当日、隠居屋への荷物の運出しと、嫁の荷物の運込みとで家がごったかえす場合が多かった」。しかし「この世帯びろめの際にも、嫁は垢づかぬ不断着であった。大島の女性たちが真に華《はなやか》な盛装に身を飾るのは葬儀の際だけである。晴着はただ喪服として用いられたのである。嫁は当日披露の宴席に坐ることなどせず、多くは台所にあって御馳走の準備に忙殺されていた」。

このように伊豆大島では若者男女の交遊をとおして結婚の相手が定まり、縁談が成立すると、アシイレの儀礼が夫家であげられる。そしてこのアシイレにおいて新婦が夫家のために水を汲むという行為は、ミャオ族とあまりにもよく似ている。その後、夫の妻訪いが展開することとなるが、新婦もまた朝晩夫家を尋ねて水汲みのつとめを果たすばかりか、ミャオ族と同様に、夫家に人手が要るときには新婦が夫家に手伝いに行ったのである。それ故、アシイレ以後の別居期間中、夫による妻家訪問――つまり妻訪い――のみが純然と展開するわけではない。性生活が妻家で営まれるにせよ、新婦もまた夫家を訪れていたことは無視されてはならない。

丹後の女よばい婚

次に、俗に「女のよばい」と称され、大間知により「女よばい婚」と名付けられた習俗をみてみよう。ここでは大間知が瀬川清子の『海村調査手帖』からとり上げられた丹後地方の二つの事例のうち、その内容が比較的明瞭な丹後町袖志の事例を引用しておく（「足入れ婚とその周辺」）。

表1　日中両国の訪婚の諸形態

〔A〕日本・「一時的妻訪婚」（婿入婚）
（よばい）
△…………↘○　妻家での婿入り
△…………↘○　夫の妻家訪問
△↙――――○　妻の夫家引移り

〔B〕日本・「足入れ婚」
（よばい）
△↙…………○　“足入れ”
△…………↘○　夫の妻家訪問
△↙――――○　妻の夫家引移り

〔C〕日本・「女よばい婚」
（よばい）
△↙…………○　“行き初め”
△↙…………○　妻の夫家訪問
△↙――――○　妻の夫家引移り

〔D〕中国・「不落夫家婚」
（「游方」）
△↙…………○　夫家での挙式
△↙…………○　妻の夫家訪問
△↙――――○　妻の夫家引移り
（「坐家」）

丹後の竹野郡下宇川村袖志〔丹後町〕では、男の寝室は多くはニワの二階に設けられており、そこへ女が通って行く。女が嫁として初めて正式に聟方へ行くことをイキゾメといい、不断着で行って簡単な飲食がある。それから二、三ヵ月ぐらいは嫁は依然として生家から聟のもとへ通う。あるいは半年ほど親のコーリョクといって、縮緬屋へ働きに行って親元の手伝いをする。その間に荷拵えもして、聟方へ引き移るのであるが、その折りにはユワエといって披露をする。そして二、三年もたち、落ちつくことがわかると、初めて嫁の荷物が運びこまれる。

すなわち丹後町袖志では、婚前交渉の段階にも女性が男性の家へ通い、「イキゾメ」という夫家での婚姻成立祝の後も新婦の夫家訪問が続き、二、三ヵ月ないし半年の後の「ユワエ」の披露を機に、新婦は夫家に引移るのである。

以上で考察してきたところを表にしてみると表1のようになる。この表からわかることは、前述した日本の一時的妻訪婚〔A〕と中国の不落夫家婚〔D〕との間の二つの相違点が、日本の「足入れ婚」〔B〕や「女よばい婚」〔C〕ではみられないということである。すなわち「足入れ婚」では婚姻成立儀礼のアシイレが不落夫家婚と同様に夫家であげられるし、また「女よばい婚」ではイキゾメが同じく夫家であげられるばかりか、別居中の訪問が不落夫家婚と同様に妻の夫家訪問だからである。このような事実は、日本の婚姻習俗全体におけるこの両習俗の位置づけについて再検討を要求するのである。

この二つの婚姻習俗は、従来、一時的妻訪婚の単なる亜種もしくは派生形態とみなされ、格別注目されてこなかったのである。大間知も「足入れ婚」について、「聟入婚が嫁入婚へ推移する過程に生じた一種の過渡的方式」として位置づけたのである（同前）。アシイレ儀礼が夫家であげられている点で嫁入婚へ一歩近づいたものと看取されたからである。さらに「女よばい婚」では妻が夫家に通うことから、「婚舎が聟方に属する」とみなされ、「嫁入婚の一類型」とさえ規定された（同前）。この大間知の見解は、柳田国男をはじめとする民俗学界で一般的な《婿入婚から嫁入婚へ》という婚姻発展図式に依拠するものであった（――ちなみに、この発展図式にたいする私の批判的見解は後述するところである）。だが、日本の訪婚習俗が中国南部の不落夫家婚に発するという見地から考察するならば、不落夫家婚との共通性がより顕著である「足入れ婚」を右のように一時的妻訪婚から派生したものと見、「女よばい婚」を〝嫁入婚の一類型〟とみなして、それらの独自性を否定することは許されなくなるのである。むしろこの二つの婚姻習俗は、一時的妻訪婚とともに、中国南部から伝播してきた日本の訪婚習俗の独自の形態と位置づけられねばならないのである。

中国海南島黎族の不落夫家婚をめぐって

前項では中国の不落夫家婚の在り方から日本の一時的訪婚の習俗を見直し、両者の共通性を見出そうとしたが、本項では逆に中国の《不落夫家婚》の習俗の中に日本の《一時的訪婚》と共通するものが見出されないかという立場で、検討を試みたいと思う。このような見地で注目を惹《ひ》くのは、海南島のリー（黎）族の婚姻習俗である。そこでは、日本の一時的妻訪婚や足入れ婚と同様に、別居中の訪問が夫によってなされる場合――つまり〝妻訪い〟――が少なくとも一部にあったのである。

リー族での〝妻訪い〟

岡田謙の調査研究によれば（『海南島黎族の社会組織』）、娘が年頃になると、親は家の外に小屋（もしくは家の入口の傍らに寝室）を設ける。「此小屋を Prun-kau（女小屋）と呼び、ここに男が通って来て、Iai（口琴）を以て合図をなし、娘に招き入れられて夜を過ごす」。この寝小屋の関係によって「双方婚姻の意志が決定すれば、男は親を通じて先方に交渉することとなる」。そして両家が合意すれば、吉日を選び、夫家は人を遣わして娘を迎えに行かせ、盛大な宴を開く。その日、娘はいったん実家に帰る（実家が遠くて男家に泊まる場合には、その夜、娘は「男と床を共にせず、世話をする婦人と共に眠る」）。そして後日、再び夫家は娘を迎え、その夜「始めて男と床を共にする」。十五日ないし一ヵ月が経つと、「新婦は実家に帰り、半年乃至一年程そこ〔女小屋〕に留り、後に、夫家に同居するようになる」。

リー族の嬬屋

このように娘のために家屋の端に小屋が建てられ、そこへ若者たちが通い、そして結婚式の後も、新婦は夫家から直ちに実家に帰り、「一年程そこ〔女小屋〕に留って夫家に入らない」。そして婿もまたこの女小屋のもとに妻訪いするのである。この女小屋は、すでに前節でみたことだが（三〇ページ参照）、『万葉集』で歌われた「嬬屋《つまや》」（妻屋）と著しく一致している。

陳銘枢も、「一般女子が年長ずれば、父母は必ず之が為に別に私室を営み、其の自由交際を許す」と述べ、それがまた、結婚後に実家に戻って暮らす新婦の居室にあてられるという（陳銘枢著・井出季和太訳『海南島志』）が、この「私室」もこのようなものであろう。

リー族の寝宿婚

だが、岡田の「女小屋《ブルンカウ》」とは別に、若者たちの寝宿も別居中の新夫婦の婚舎となり、それは「布隆閨《プーロンクイ》」とよばれていたという。厳汝嫻編『中国少数民族の婚姻と家族』（上巻）中のリー族の「放寮」（若者男女の自由交際）と不落夫家婚についての記載は、すでに西村幸次郎によって紹介されている（『現代中国の法と社会』法律文化社）が、この記述は殊のほか詳細である。分担執筆者の盧勛《ルーシュン》はこう書いている。

リー族地域の習慣では、子どもは十二歳頃にはもう父母とは同じ屋根の下には住まない。青少年たちは互いに誘い合い、もしくは数軒の家の父親か母親が率先して誘い合い、人数はその時々によるが、普通は四、五人で一組となって一緒に山に分け入り、竹材や木材を伐り出し、それで寮房《リヤオファン》〔若者宿〕を建てる。若者たちのは「兄弟寮房《シヨンテイリヤオファン》」と呼び、彼らが自分たちの手で建てるが、娘たちのは「姐妹寮房《チエメイリヤオファン》」と呼び、彼女たちの父や兄たちの手で建てられる。リー語ではこの両者を「竈のない家」「煮炊きをしない家」という意味の「布《プー》隆閨《ロンクイ》」と総称している。寮房は通常村はずれか村を臨む山麓に建てて、夜間に歌声や騒がしい声で村人たちの眠りをさまたげないようにする。とはいえ規模の小さな寮房は、家々に近い所に建てることもある。「布隆閨」に夜間寝泊まりするのは未婚の少年少女ばかりではない。結婚はしたがまだ正式に所帯をもっていない男女、もしくは夫に先立たれて里方に戻って来たうら若き寡婦たちも寝泊まりする。（傍点筆者）

ここで描かれているかぎりでは、大間知の称する「寝宿婚」がリー族のもとで行われていたことになる。寝宿婚とは、寝宿における交遊で結ばれた男女が、婚姻成立祝の後も、寝宿で一緒に宿泊し、初産ないしは男家の親の隠居を機に、婚舎を男家に引移す婚姻を言う。

たとえば鹿児島県の甑島《こしき》の平良《たいら》（上甑村）では、男女とも小学校の上級になると他家へ泊りに出る。女の宿をネヤド、男の宿をニセヤドとよび、数人ずつ合宿した。男は好きな娘のネヤドへヨバイに行き、ナジミの関係ができると、同宿の友達たる「ドシ」のうち最も親しい者が取計って、男の親から承諾を得る。そこで男方の叔父などが仲に入り女家の承諾を得てくれる。その二、三日後、男家で、「サンビャカレー」と称する婚姻成立の式があげられる。この式の後も、女は従前どおりネヤドに泊り、婿もそのネヤドへ通って泊る。翌日から、嫁は婿方へ来て水を汲み、婿方の仕事をする。この二人がネヤドに泊るのは、多くは初産までで、初産の前後に嫁は婿方へ引移り、同居生活が開始されるという（「寝宿婚の一問題」）。ちなみに、別居中に嫁が夫家での水汲みを行うことは、前項でみたように伊豆大島の場合にも、ミャオ族の場合にもみられたことである。夫家での水汲みを嫁の仕事の象徴とみる観念が南方系文化に共通に存在するのかもしれない——付記しておく。

ここで「寝宿婚」について一言述べておきたいことは、この婚姻習俗を独自の婚姻形態とみなすべきかいなかという点をめぐって大間知篤三と有賀喜左衛門との間に論争があったということである。その詳細な紹介はここでは差控えるが、若干の地域において寝宿が婚姻当初の一時期、新婚夫婦の婚舎として現実に利用されていることから、大間知がこれを「寝宿婚」と称して、それが「日本婚姻史に占める地位はきわめて重要である」と認識したのにたいして、寝宿をもって未婚の若者たちの集会所とみる有賀は、たとえ寝宿で新夫婦が泊ることがあっても、「これは若者の寝宿を婚舎に流用したにすぎない」とみたのである。そして寝宿が衰退したところで生ずるこの種の婚姻を一つの独自の婚姻形態とみることに有賀は異議を唱えたのである。思うに、有賀は《寝宿は未婚の若者の集会所であって夫婦の婚舎に本来用いられるものではない》という人類学的な大前提から出発して、寝宿を実際に新婚夫婦の婚舎としている事実を無視しようとしたのである。このような立論自体が経験科学としてはいかがなものか、疑問であるが、海南島でも寝宿が婚舎として用いられたとすれば、この種の婚姻形態の存在を率直に認めてしかるべきであろう。

別居中の婚舎の種々相

リー族のもとでも、このような寝宿婚がたしかに一部であったことであろう。しかし、別居中の婚舎は一般的には妻家もしくは夫家とされたようである。『中国少数民族の婚姻と家族』上巻には、次のようにも述べられている。

解放以前には結婚後の「不落夫家」の習俗が盛んに行われていた。ここでは結婚と所帯を持つこととは別のことであった。結婚時、花婿は全く自分の新居を持たず、挙式すると花嫁はさっさと里方に帰って行く。男女はそれぞれの生家で働き生活して、時折妻が夫家を訪ねるだけである。けれども農繁期には数日間、夫家に来て農作業を手伝うのがほとんどで、それが過ぎるとまた生家に帰って行く。同様に夫も妻の家を訪ねることができ、ついでに仕事を手伝っていく。夫婦の間でこのような訪婚生活がどれほど続くかはまちまちだが、妻が身籠ると男方はさっそくふたりのための新居を建て、妻が第一子を里方で出産するのを待って引き取る。妻はこのような状況になってはじめて、夫のもとで一緒に暮らすことを願う。この段階で夫婦はようやく労働と生活を共にするようになり、ここでやっと新しいひとつの家庭が誕生する。

すなわち夫の妻家訪問も行われているが、妻の夫家訪問もそれ以上に行われているように書かれている。また加藤美穂子は、「妻は婚礼後……実家に留まって『隆閨』〔娘宿〕に住み、農繁期には夫家に手伝いに行く風習がある」と述べ、妻の夫家訪問の形態のみを指摘している（「中国現代家族法下における海南・黎族家族慣習の存続と変容」『白鷗大学論集』）。他方、岡田謙は自らの調査にもとづいて「妻が実家に在る間……夫は妻の家に通っている」と報告しており、また星野紘も「女の家への通い婚という一定の時期があって、最初の子供が出来た後では女は男の家に入居する」と述べている（「中国少数民族の歌垣」『みんよう春秋』二〇）。同じリー族であっても、支系（部族）により集落により訪婚慣習もそれぞれ異なっていたことであろう。ただ、女家の「女小屋」ないし「私室」が婚舎をなすところでは、夫の妻訪いが一般に行われていたことは言うをまたない。

こうしてみると、海南島のリー族のもとでは、夫が妻家に通う「足入れ婚」も、妻が夫家を訪れる「女よばい婚」も、はては寝宿を別居中の婚舎とする「寝宿婚」も、みな併存して行われていたことが判るのである。この事実は、日本婚姻史におけるこれら訪婚諸習俗の位置づけについて再検討を要求するのである。

一時的訪婚諸習俗の併存――とくに日本海域における

訪婚諸形態の併存

前項で考察したように、海南島リー族の不落夫家婚には、別居中の婚舎からみて、さまざまの形態が併存していることが判った。たとえリー族に四つの支系（部族）があり、多くの集落にわかれて居住するとしても、海南島という一つの地域の一民族において、同じ不落夫家婚が多様な相貌を呈しているのである。いったい、このような限られた地域における訪婚諸形態の併存という事実は何を物語るのであろうか。

この根本的な問題に入る前に、本項では、日本にあっても特定の地域に限定して一時的訪婚の習俗を検討してみようと思い立った。取上げた地域は日本海域の中西部である。

そもそも日本の一時的訪婚は日本西南部（とりわけ太平洋海域）に集中的に分布するとみなされ、それ故、学問的関心もこの地帯に多く向けられる傾向があった。しかし、最近、瀬川清子の民俗学的調査資料を再検討してみると、日本海沿岸地帯にも《一時的訪婚》の諸習俗がすこぶる多彩な形で分布していたことに気付いたのである。

日本海域の一時的訪婚

すなわち山形県西田川郡温海《あつみ》町越沢から山口県下関市蓋井島《ふたおいじま》にいたる地域に分布し、単に一時的妻訪婚（婿入婚）のみならず、「足入れ婚」「女よばい婚」「寝宿婚」もまた行われていたのである。以下で、これらの婚姻諸習俗の事例を簡単

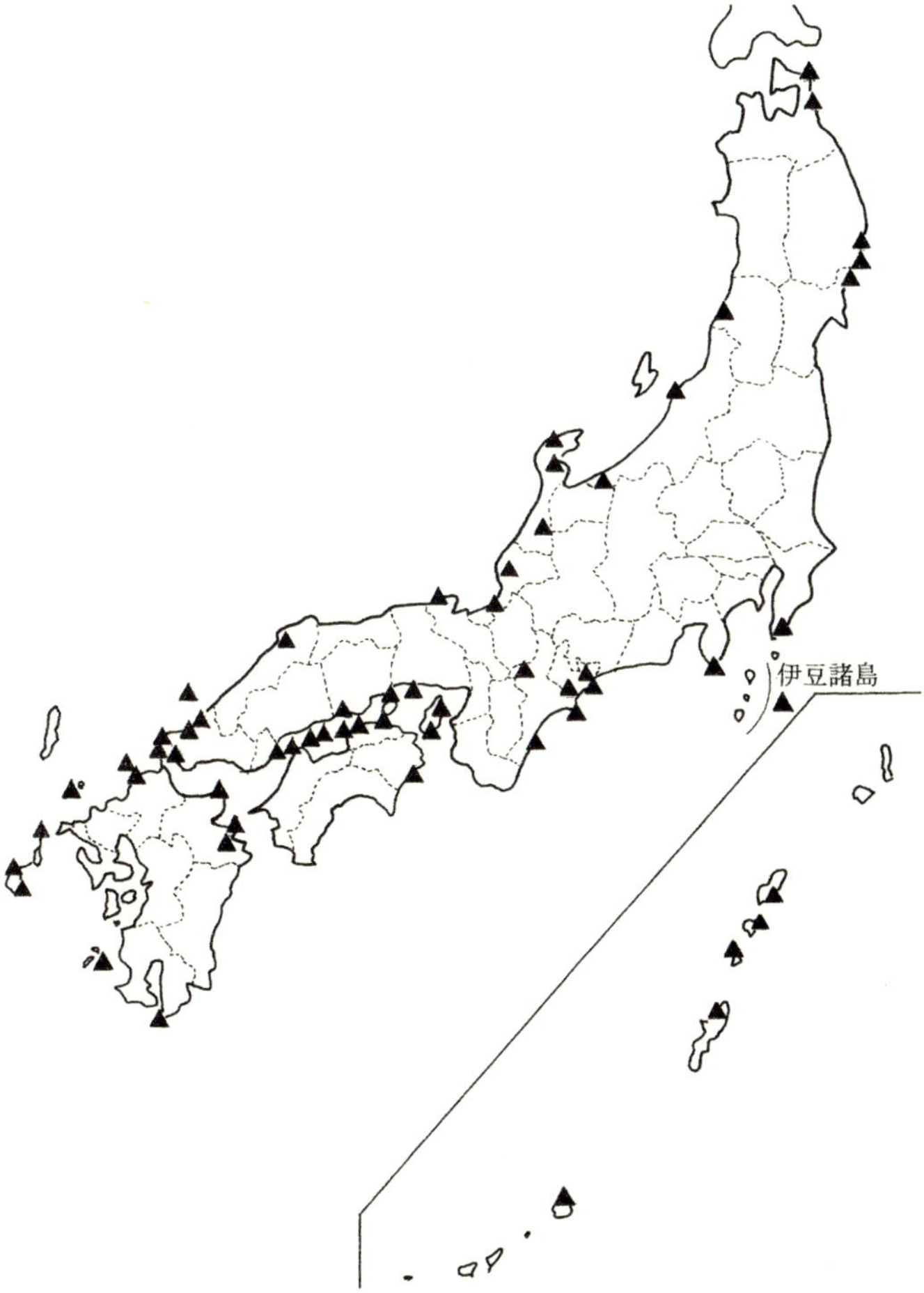

図5　一時的訪婚諸習俗の分布図

図2の海流模式図を対照してみると，沖縄諸島から房総半島までの太平洋海域の分布状況は黒潮の流路とほぼ一致し，玄界灘の壱岐島方面から山形県温海方面にかけての分布状況は対馬暖流の流路と一致している．また下北半島の東通村尻屋や六ヶ所村野沢，さらに岩手県気仙以南の三陸海岸部は，津軽暖流の流路に当っている．

に紹介しておこう（以下の資料は瀬川『若者と娘をめぐる民俗』未来社による）。

まず能登半島突端の輪島の海士町では、一時的妻訪婚が典型的な形で行われていた。すなわち本人同士の約束ができると、男の方では友人や仲人あるいはエボシ親に頼んで女家に酒を納める（本人は行かない）。女家は酒を受取り、客と共に飲み、その翌日、オミキクバリといって酒を少しずつ親類に配る。これを「酒シルシ」とか「キメザケ」という。これで婚姻が成立し、爾後、婿は夜、嫁の家へ通う。この結婚の際、「何年たったら嫁入れる」（嫁の引移りをさせる）といって、年期が定められる。海女の働きが家の暮しの中心であったので、ここでは「年期」と称し、親へのお礼奉公のため二、三年なり五年なり娘を親許に留めておくのであり、その年期の間、婿は妻訪いし、年期が明けて初めて嫁は男家に引移るのである。

次に、山口県大津郡向津具《むかつく》村（油谷《ゆや》町）大浦では、「足入れ婚」の習俗がみられた。本人同士が約束すると、娘は兄や世話人などと共に男家に招かれ、嫁入りの形だけとって、翌日生家に戻る。これを「ミチアケ」という。爾後、婿は毎夜、女家に泊りに行く。「家の囲炉裏にも顔を出し、嫁の親も『よう来た、上らんか』といい、朝ごとに帰ってゆく」。嫁の親は、娘を一人前にするまで大変だったから「一年は加勢してくれ」と言って、娘を自家に留め、海女稼ぎをさせるのであり、その稼ぎは男の稼ぎの倍位にもなったという。

京都府竹野郡下宇川村（丹後町）袖志の「女よばい婚」についてはすでに紹介したが、ここで再度のべておこう。男の寝室は多くは自家のニワの二階に設けられていて、そこへ女が通って行く。そして約束がかわされると、女は不断着姿で男家へ行き、盃事を行う。これを「イキゾメ」という。「それから二・三ヵ月位は嫁は依然として生家から婿のもとへ通う。あるいは半年程、親のコーリョク〔生家への援助〕といって、縮緬屋へ働きに行って親元の手伝いをする。この間に荷拵えもして、婿方へ引き移るのであるが、その折にはユワエといって披露をする」。

最後に山口県阿武《あぶ》郡（萩市）見島では「寝宿婚」が行われていた。そこでは結婚の下相談はすべて本人や若者宿の仲間（「ヤドホーバイ」）がし、宿親が仲人役となって若者の親に話をとりつけ、女家には酒一本をさげて行って諒解をとりつける。そうすると、その夜から女が男の若者宿へ通うのである。嫁は昼間、夫の家で働き、夕食後に宿に行くが、問屋などに奉公中の者はその主家から直接に宿へ行く。こうして「夫婦ともども宿に泊って朝に帰る」という生活を、子ができるまで続けるのである。

このように日本海域の中西部という限られた地域に、日本の一時的訪婚のすべての形態が併立してみられたのである。この点では、海南島リー族の状況とまさしく符合している。しかし、このリー族との対比による分析は次項にゆずり、ここでは、日本海域の一時的訪婚を支えてきた社会的要因を検討しておこう。

それは、娘の結婚によってその労働力（ないしは稼ぎ）を直ちに手放したくないとする女家側の要求である。すなわち前掲の事例にそくして言えば、それは、能登輪島の「年期」、山口県向津具の「一年の加勢」、丹後の「親のコーリョク」という言葉のうちに明確に表現されている。

女家の労働力確保の要因

この点について注目すべき研究は、石川県の白山山麓の地域（石川郡尾口村東《ひがし》荒谷《あらたに》とその周辺）で実施された天野武の調査報告「古風な婚姻」（天野『結婚の民俗』岩田書店）である。ここでは、「オオザケ」という婚姻成立の儀礼が女家側で行われ、爾後、相当期間夫婦が別居し、婿が女家に通うという典型的な一時的妻訪婚（「婿入婚」）が行われていた。ところで天野は、昭和四十七年十一月現在、婚姻関係にある一九件のうち、集落内部で通婚した一二件の婚姻を対象として、婚姻成立から嫁が夫家に引移るまでの期間と、その期間の長短にかかわる事由を調査された。

この画期的な研究で注目すべきことは、婚姻成立後における嫁の生家居住の期間が、単に娘の労働力を保持しようという女家側の要求のみで決まるのではなく、女子の働き手を必要とする男家の要求にも左右されるということが判ったことである。たとえば「ムコサ方（婿方）の姑が元気であった」大正期の婚姻の場合、嫁は約二年間自家に留まっていたが、「ムコサ方で女手がなかった」明治期の婚姻では、あまり期間をおかずに嫁が婿方に引移ったという。それ故、一時的訪婚の社会的要因として女家側の労働力確保のみを指摘することは反省さるべきであろう。ともあれ、日本海域の一時的訪婚の要因として娘の労働力の保持があげられるとすれば、太平洋海域においてはその要因は何であったか。少しく本題から外れるが、簡単に述べておくと、それは別棟隠居制であった。このことは大間知篤三の研究以来、すでに学界では周知の事実である。ここで別棟隠居制と述べたが、それは大間知の述語に従えば「家の複世帯制」に当る。すなわち親夫婦と息子夫婦が同じ屋敷に居住しながら、それぞれ別の棟に暮し（別棟）、煮炊きを別にし（別竈）、ときには田畑をも分けるなどして生計を別にし（別財）、互いに独自の世帯で生活を営む慣習をいう。

「家の複世帯制」という要因

たとえば伊豆の利島の場合について、大間知はこう述べている（『日本結婚風俗史』）。「この島では父子二代の夫婦が竈をともにしないという原則が、いまもはっきり守られている。それで息子が結婚すれば、その親夫婦はなるべく早く隠居屋に移り住み、息子夫婦が本宅（母屋）におさまるのである。しかし、もし隠居屋に祖父母かその一人が生活しておれば、その生きている限り親夫婦は隠居屋へ引き移れず、したがって息子夫婦の婚舎が嫁方に置かれるという状態をつづけなければならない」。このように家の複世帯制の慣習のもとでは、隠居屋に親が移り得ない場合、息子が結婚しても嫁を自家に引き取ることはできず、息子夫婦は別居し、妻訪いが余儀なくされるのである。

この家の複世帯制は、大間知の研究によれば「西南部日本、すなわち九州、四国、瀬戸内海方面、太平洋岸の諸県」に点在し、「その分布の東北限は福島県の東半部であるらしい」。逆に言って、この慣習は「東北の五県から一つも知りえない」。日本海に面した北陸から山陰地方にかけても、事例は概して乏しい」と述べている（『家族の構造』）。ところで、この家の複世帯制の主要分布領域、つまり西南日本――とりわけ太平洋沿岸地帯――においてこそ、（前述したように）一時的訪婚諸習俗も集中的に分布しており、そしてそれが「家の複世帯制」と密接に結びついていたのである。

このように日本海域と太平洋海域を、一時的訪婚の社会的要因という点で対照させたが、それはあくまで一般的な傾向である。実際、足入れ婚が行われていた太平洋岸の千葉県安房郡白浜町でも、アシイレのあと、半年か一年、娘は生家にとどまって海女として稼いだのである。他方、日本海域の山口県向津具村大浦では、既述のように婚姻成立祝たるミチアケの後も娘を自家に留めて海女稼ぎをさせるが、しかし、この地には別棟の隠居習俗も行われていたのである。

以上、とくに日本海域における《一時的訪婚》の在り方について考察してきた。次項では、前項でみた海南島リー族と本項の日本海域を対象として、《一時的訪婚》の原型究明を試みたい。

《一時的訪婚》の原型と全体像

一時的訪婚の南方起源　以上、本節における一時的訪婚に関する検討の結果、日本のそれが中国江南——とりわけ海南島リー族——の不落夫家婚と著しく一致していることが判明し、日本の一時的訪婚の慣習が中国の不落夫家婚に源を発するものだということが改めて確認され得たのである。

このような認識のもとに、一時的訪婚慣習の本来の在り方について、さらに二、三の検討を試みることにしよう。まず、リー族の事例を素材に考察してみよう。

リー族の訪婚三形態　すでにみたように、リー族には次の三つの訪婚形態が併存していた。日本民俗学の術語で言えば、(1)足入れ婚、(2)寝宿婚、(3)女よばい婚——の三形態である。

(1)　「足入れ婚」的形態　リー族にあっては、妻家の入り口などに、娘のための小屋ないし私室が設けられ、結婚後も、そこへ婿が通ってくるところがあった。婚姻成立祝が夫家であげられるので、大間知の術語にしたがえば「足入れ婚」にあたる。

(2)　「寝宿婚」的形態　また、村はずれに、他家の娘たちとの共同の寝宿（「姐妹寮房」）が建てられ、結婚後も、そこへ婿が妻訪いしに来るところがあった。この場合には「寝宿婚」とみなされよう。

(3)「女よばい婚」的形態　さらに盧勛や加藤美穂子によれば、別居中の嫁が「農繁期の数日間、夫家に来て農作業を手伝う」ところもあった。この夫家への嫁の訪問は、中国江南の不落夫家婚について一般的に指摘されてきた特徴である。海南島のリー族にも、少なくともその一部において、嫁の夫家訪問が行われていたのである。これは、いわゆる「女よばい婚」に相応する。

リー族のヘヤとヤド

これらの事実のうち、私が先ず注目したのは、(1)の小屋ないし私室と(2)の寝宿の関係である。この両者が、リー族の場合、真に異質的な婚舎とみなさるべきかという点に疑問をいだいたのである。

岡田謙は戦前の調査で、現地の人々から、妻家脇の娘の小屋を表わす言葉として、「プルン・カウ」(Prun-kau)というリー語を採取している。星野紘も、女家の母屋《おもや》の前に作られた「小さな草葺の小屋」を漢字で「籠閨《ロンクイ》」と表現している(「中国少数民族の歌垣」『みんよう春秋』一〇)。他方、盧勛は、寝宿を意味するリー語を「布隆閨《プーロンクイ》」と表記した。

私は、これら三様に表わされたリー語が同一の言葉だろうと推察し、盧の論文の翻訳者である百田弥栄子に伺ったところ、賛同を得たのである。つまりリー族の人々にとっては、女家の脇の小屋も、村はずれに建てられた娘宿も、同系列のものと認識され、同じ言葉で呼んでいたのである。

この点で思い当るのが、若狭＝丹後方面の《独居のヘヤ》と《独居の宿》である。京都府竹野郡下宇川村（丹後町）の袖志では、すでに述べたように、成人した息子には男家のニワの二階などをあてがい、そのヘヤに女がヨバイにきたし、結婚後も嫁が通ってきた。だが、自家でのヘヤの設定は、家屋にその余裕があった場合のことらしい。瀬川の報告の中に、「自分の家が狭けりゃこそ、よそへ宿らにゃならぬ」が、「今はニワ二階が若者の室で、〔それを〕ヘヤという」とある（『若者と娘をめぐる民俗』）。

同じ下宇川村の中浜は漁師のムラであり、「家が狭いので、若い者が一人か二人くらいで、心安い家に『二階貸してくれ』と頼んで寝泊りする風がある」。「自分とこに〔その余裕が〕なけりゃ他人のを借りにゃしかたがないじゃないか」。こうして気の良い人の家（多くは親類）の部屋を借り、ネヤドとしたという（同前）。

この同じ村の二つの集落において、ヘヤとネヤドとが微妙に関係しあっている。両集落とも自家に余裕があれば、自家に息子のための独居の「ヘヤ」が設けられ、自家が狭ければ、他所《よそ》へ宿《やど》り、「ネヤド」に住まわせたのである。リー族の場合にも、何らかの条件の違いによって、あるいは自家の傍らに私室が設けられ、あるいは村はずれの寝宿が利用されたのではあるまいか。若者宿や娘宿が、社会的機能の上で、本来、若者男女の《独居のヘヤ》とは異なるものであるにせよ、少なくとも婚姻習俗の上では、リー族の人たちにとっても丹後地方の人々にとっても、同一線上のものとして意識されていたのではあるまいか。そうだとすると、(1)の「足入れ婚」と(2)の「寝宿婚」とを異なる婚姻として区別することは、むしろ実態と遊離したことになると思えるのである。

夫妻の「相往来」

リー族の婚姻習俗の(3)の「女よばい婚」のもとでの嫁の夫家訪問、とりわけ夫家での仕事の手伝いは、中国江南の不落夫家婚に共通してみられる特徴であるが、日本の足入れ婚や寝宿婚でも少なからずみられたことである。

すでに述べたように、寝宿婚が行われていた鹿児島県甑島では、別居中、嫁は夫家へ来て水汲みとともに夫家の仕事を手伝いするし、足入れ婚がみられた伊豆大島では、嫁は毎日、夫家に水汲みに訪れたし、寝宿婚の行われていた山口県見島でも、嫁は毎日、夫家の仕事を手伝った。これら三例において、夜間に夫婦生活が営まれる場所が寝宿であったり妻家であったりして、それにより「寝宿婚」や「足入れ婚」に区別されるが、昼間の行動をも視野におけば、妻の夫家訪問が同時に行われているのであり、一時的訪婚の実態を究明する場合、このことも念頭においておく必要があろう。ちなみに日本西南部では、一般に村落（集落）内婚制が行われ、夫婦が同じ集落に住み、昼間の妻の夫家訪問と夜間の夫の妻家（ないし寝宿）訪問とは、ともに容易になされ得たのである。

日本古代の『養老令』戸令《こりよう》結婚条の成婚解消条件に関する『義解《ぎげ》』の註釈において、

若《も》し夫婦、同里《どうり》に在《あ》りて相往来《あいおうらい》せず……

なる文言があるが、この「相往来」の語も、右にみた別居中の夫の妻家訪問と妻の夫家訪問の併立の状況を指したものではあるまいか。かつて(一九八四年)、ある座談の席で考古学者の森浩一から、この「相往来」の語について質問をうけたことがあるので、ここに付記しておきたい。

訪婚の分類基準

このように見てくると、日本の民俗学においてこれまで採用されてきた婚姻の分類基準が改めて問われねばならなくなる。民俗学界で用いられた基準は、次の二つである。

(1) 婚姻成立の祝(儀礼)が夫家であげられるか妻家であげられるかという基準。

(2) 婚姻成立後の夫婦の婚舎がどこに設けられるか——夫家か妻家か(また寝宿か)——という基準。

この二つの基準は、たしかにそれなりの学問的意義を有しており、私もこの基準による分析の手法をこれまで踏襲してきた。しかし、ここで翻って考えてみると、この両基準はともに「婿入婚」(一時的妻訪婚)が「嫁入婚」とは異なる独自な婚姻習俗であるということを明確にするために、とくに設定されたものであった。すなわち「嫁入婚」では成立の祝が夫家であげられ、婚舎も夫家に設けられるが、「婿入婚」では両方とも妻家であるという対照性が見出されるからである。

だが、この両基準によって、「婿入婚」(一時的妻訪婚)をはじめとする一時的訪婚の諸形態を分析することが、はたして現実に可能であるか——という疑問を、私は最近いだき始めたのである。具体的に言えば、大間知篤三が「寝宿婚」の事例としてあげた鹿児島県甑島、山口県見島、伊豆の利島《としま》の三つの場合が問題となる。

分類上の矛盾

まず甑島と見島にあっては、別居中の婚舎はたしかに双方とも寝宿である。しかし、婚姻成立の祝は、甑島では夫家であげられ、見島では妻家であげられるから、この婚姻成立祝の基準からみると甑島の場合は「足入れ婚」であり、見島の場合は「婿入婚」(一時的妻訪婚)となるはずである。それらをともに「寝宿婚」と規定されたのは、大間知が婚舎の所在という基準でのみ考察し、婚姻成立祝がどこで挙げられるかという基準を無視したからである。

伊豆の利島については、さすがに大間知もこの矛盾に気付いた。大間知は一九五〇年三月発表の論文「寝宿婚の一問題」で利島の婚俗を「寝宿婚」と規定した。そこでは婚舎は古くは寝宿におかれていたのである。少なくとも初生子誕生まではそうである。しかし、同年六月発表の「足入れ婚とその周辺」なる論文にあっては、利島では婚姻成立祝が夫家であげられる点に注目して「足入婚」の事例とみなす一方、「寝宿婚的要素」をも勘案して「寝宿婚的足入れ婚」という特殊な用語を採り入れたのである。

利島の事例に示されたこの見方からすると、右にあげた甑島の場合もこの「寝宿婚的足入れ婚」となり、見島の場合については、これと区別するために「寝宿婚的婿入婚」なる術語が新たに採用されねばならなくなる。つまり大間知がその独自性を強調して設定した「寝宿婚」という一分類が、「足入れ婚」と「婿入婚」（一時的妻訪婚）のなかに、それぞれ「寝宿婚的」という限定をつけた特殊な形態として、吸収されてしまうことになるのである。

訪婚諸形態間の転移

私は日本の婚姻習俗の分類基準に関して、これ以上ここで考察する余裕はない。ただ、ここで最後に述べておきたいことは、海南島リー族であれ中西部の日本海域であれ、限られた地域社会のなかに、日本の民俗学において分類されてきたさまざまの形態——一時的妻訪婚（婿入婚）・足入れ婚・寝宿婚・女よばい婚——が併列して看取されたことである。この状況から想定されることは、かなり些細な条件の違いによって異なった形態のものに転移するということである。先にみたように、自家に余裕があれば「独居のヘヤ」が息子に当がわれるが、その余裕のないとき他家の一隅を「宿」とするので、「女よばい婚」と「寝宿婚」の差異は紙一重なのである。

また、昼間に嫁が夫家に通って水汲みなり他の仕事を手伝うところでは、この嫁の夫家訪問が夜間の夫の妻家訪問と併列し、まさに夫妻が「相往来する」という外観を呈するのである。この場合、夫婦生活が営まれる婚舎がもし妻家であるなら、「一時的妻訪婚」か「足入れ婚」とみられ、婚舎がもし寝宿であるなら「寝宿婚」とみなされるわけであるが、このような区別は、古代人の脳裏にはとうてい浮び得ないことであったろう。

研究の進展により、婚姻習俗にともなういろいろの要素が見出されることは、その習俗の多彩な実態を認識する上できわめて好ましいことではある。だが、そのたびごとに分類を細密化していけば、婚姻習俗の全貌を見失うことになりかねない。

婚姻類型としての一時的訪婚

私はこれまで、婚姻当初の一時期、夫妻が別居し、訪問によって婚姻生活が営まれる一連の諸習俗を、従来の民俗学的な分類基準によって考察してきたが、これら一連の諸習俗を《一時的訪婚》という大きな概念に包摂することによって、その原型がよりいっそう浮彫りになるという考え方をとるにいたったのである。そしてこの《一時的訪婚》を、本書の序章で述べておいたように、《嫁入婚》と対峙する二大婚姻類型の一つと位置づけたのである。第二章では、この《嫁入婚》文化の種々相を北方民族との関連で考察することとしたい。

嫁入婚文化における北方系諸要素

嫁入婚文化における親の婚姻統制

親の婚姻統制と仲人結婚

結婚は両家の契約　《一時的訪婚》が行われているところでは、若者組や娘仲間の間の男女の交遊をとおして、結婚の配偶者が選ばれたのであるが、《嫁入婚》が支配的となっている地帯では、配偶者の選択は、多かれ少なかれ親の意思に左右され、当事者の意思が無視される傾向があった。

極端な場合、当事者の意思がまったく顧慮されず、当事者が親のきめた婚姻を強制されることも、少なからずあったのである。たとえば『全国民事慣例類集』（明治十三年刊）によれば、「婚姻ハ夫婦タルヘキ双方ノ契約ヲ要セサルモノニシテ父母近親協議ノ契約ヲ必要トスル慣

習ナリ」（周防国〈山口県〉吉敷《よしき》郡）

「夫婦トナルヘキ双方父母承諾スレハ夫婦ニ於テ承諾セサルヘカラサルヲ例トス」（陸前国〈宮城県〉遠田郡）

とある。つまり山口県吉敷郡の場合、結婚はその当事者の契約ではなく、父母や近親が協議して決めるべきもので、言うなれば両家の親同士の契約だというのであり、宮城県遠田郡の場合、両当事者の父母が承諾した結婚なら、当事者はそれに服従して承諾しなければならないのだと言う。

実際、民俗学領域の報告にもこの種の例が少なからず見出されるのであり、たとえば青森県野辺地地方では、「親とか兄とかが当人の面付きをみて厭でもなささうだと思ふとどしく〳〵決定してゆく。……処が、この父兄がとりきめる権能も甚だしくなると、全く本人を無視することがあり、又本人が不在のうちに式をあげてしまつたりする」という（『旅と伝説』六―一）。

玉城肇も、農民のもとでの家長の婚姻統制について同様の実例をいくつかあげている。たとえば石川県鹿島郡地方では、「娘の意見を聞くなどは滅多にないことであり、厭といって泣いておるのを、親から貰ったという口実の下に腕ずくで連れて行ったという例も少くない」。また島根県江津市波子《はし》町では「御当人は見ず知らず、……当人が不承知でも親の威光で……終に話をまとめる」という。京都府の丹後地方には、次のような俚謡もあったという（『家族論』三笠書房、一九三六年）。

親は樋竹《といたけ》　子は樋の水、
　親が遣りゃ行く　どこまでも。
知っておれども　人にまた問うて、
　親の指図で　迎いとれ。

さて、このように婚姻はその当事者の契約というよりは親同士の契約とみなされたのであるが、この観念は東北地方のいわゆる「貰状」ないし「呉状」の習俗に明確に現われている。それは、婚姻や婿養子縁組の際、両家の間で文書を取り交わす習俗であり、『全国民事慣例類集』に婚姻の呉状の一書式がのせられている。すなわち、「今般誰取持ヲ以テ私娘ヲ貴殿子息へ縁組セシニ付、幾久敷御意得ヘク今日吉辰ニ付取換セヲ為ス、云々」というものである。

「貰状」と「呉　状」

中川善之助が蒐集した婿養子縁組の貰状の実例は次のようなものであった（『妻妾論』中央公論社、一九三六年）。

一筆啓上仕候　然者此度伊藤屋久兵衛殿御執持を以貴様御次男彦三郎殿私娘江聟養子ニ御縁組仕候　依而今日吉辰ニ付御貰状として如此御座候　恐惶謹言
　八月六日　　　　　　　　　　　　　　　（花押）

右の呉状や貰状で「私娘ヲ貴殿子息へ」とか「貴様御次男、私娘へ」とか、親同士が契約の主体者として登場し、当事者はその契約のいわば客体として扱われているのである。近代的な婚姻契約の観念からすれば自家撞着に思えるかもしれないが、「家」制度のもとでは、実はこの種の事柄は平然と罷り通っていたのである。熊谷開作によれば、和歌山県の田植歌のなかに次のような歌詞があったという（『婚姻法成立史序説』酒井書店、一九七〇年）。

親と親との約束なれば
親父行《い》て添え　わしゃ嫌じゃ

本人の意思を無視して親同士が勝手に結んだ縁談にたいする痛切な批判といえよう。このような本人の意思を無視した結婚は今日ではさすがに無くなったが、それにもかかわらず、近時まで結婚式やその披露宴の招待状が当事者の父名義で発せられ、その会場での案内掲示板に「何某家何某家御結婚披露宴会場」とかかれているのが通常だったのである。

仲人結婚

以上のように、結婚の配偶者が親によって決められるのが一般的であったが、その配偶者として適当な人を探しだしたり、その相手方の家と交渉することまで、親が行うことは困難であった。その役を引受けるのが「仲人《なこうど》」であった。この仲人には、職業的にこれを行う者も稀にはいたが、一般には当事者の家と親しい者が好意的に仲介の労をとった。村外との交流が乏しくて縁談になかなか恵まれないところでは、行商人が仲人をつとめることも少なくなかった。

仲人は、「草鞋《わらじ》三足履きつぶす」と俗に言われたように、縁談がまとまるまで幾度も両家を往《ゆ》き来《き》するのが普通だった。女家の方でたとえ良い縁談と思い、内心その成立を願っていても、初めは断るのがほとんどであった。嫁の体が弱いとか、婚家へのつきあいが悪いとか、嫁の体が弱いとか、いろいろの難癖がつけられないように配慮するためであった。したがって、結婚後は嫁の実家が婚家にたいして著しく劣った立場におかれる地方（たとえば北陸地方）でも、縁談がまとまるまでは嫁方の発言権が強いという奇妙な現象もみられた。

ところで、注意すべきことだが、実際に仲人役をつとめた者が結婚式における公式の仲人になるとはかぎらなかった。結婚式では、実際の仲人が蔭にかくれ、別の人が公式の仲人として立てられる場合が多かったのである。実際の仲人が鰥夫《かんぷ》や寡婦であるときはいうに及ばず、職業的な仲人であったり、家格の低い者であったりすると、別に公式の仲人（媒酌人）がたてられるのであり、神奈川県などでは実際の仲人が「ハシカケ」とよばれて、公式の「ナコウド」と名称上区別されている。

このように公式の仲人が別個に立てられるのは、仲人が新郎新婦の将来の生活にたいして一種の保護者としての役割を期待されており、その保護者の任を果たしうる社会的、経済的な力が仲人に要求されるからである。仲人にこのような期待がもたれているところでは、仲人は夫婦にたいして擬制的な親（「ナコウドオヤ」）とみなされ、夫婦は「オヤ」に対して盆暮の挨拶や労働奉仕のつとめをなす習わしであった。ちなみに、会社などの近代的な職場でも、結婚の媒酌役を依頼した上司との間に擬制的親子に類する関係が作られ、それが派閥形成の源ともなる傾向が看取されるが、それは農村における右のような伝統的な土壌を基盤としたものといえよう。

見合

この仲人結婚で両当事者がはじめて引き合わされる機会を今日「見合」といっているが、柳田国男が「ミアヒは即ちメアハセられる日では無かつたか」との説をたてているように（「仲人及び世間」）、古くは本人同士が公に会うときには、少なくとも婚約は成立していたと考えられる。本人同士の首実検で縁談が整ったり破談になったりするというような今日の見合は、昔にはなかったようである。それゆえ、婚約以前に相手方を見定めたいときには、別個の手段がとられねばならなかった。

徳島県美馬《みま》郡木屋平《こやだいら》村では、見合は昔から行われなかったという。それは、本人同士が近い所に住んでいたり親類関係にあったりして以前から知り合っていたためでもあるが、そればかりではない。同村の川井という集落には「牛買い」という擬制の見合の習俗があったのである。土地の人の言うには、「見合をして破談になると、相手のメンツをけがすことになると言って、見合をした以上ことわれなかった。だから、その見合の前によく調べた。昔から『牛買い』ということをやっていた」。すなわち男家の者が相手の家に行き、その家の牛を買いにきた風を装い、牛には相場加減の値をつけ、実際には、当の娘の容姿やその家の資産状況などを見定めるという習俗である（磯田進編『村落構造の研究』東京大学出版会、一九五五年）。同様の擬装的な見合は、岡山、山口、福岡、大分の諸県でも、「牛見」とか「馬見」とかの名称のもとに行われていた（文化庁『日本民俗地図』Ⅳ解説書）。

中国の「指腹為婚」

中国北方の諸民族の間でも、結婚の配偶者の選択はもっぱら父母の権限に属していた。この父母の婚姻統制権が最も典型的に表われているのが「指腹為婚《チーフーウェイフン》」であった。子供の出生前から、家柄の対等（門当戸対《メンタンフートエ》）な両家の間で結ばれる婚約である。たとえば内蒙古のダウォール（達斡爾）族のもとでは、「姓の異なる友人どうしが親しい関係を保ち続けるために、両方の妻が身籠ると、指腹為婚の形をとって胎児どうしの婚約を決める。願い通り男児と女児が生まれたら、男児の父親はすぐさま女児の祖父母もしくは父母に酒をふるまい叩頭《こうとう》して、正式に婚約の手続きをとる」（『中国少数民族の婚姻と家族』上巻）。

満族の先祖たる女真族でも、「指腹為婚」の例が多かったという。そこでは「二人が成人した後に、（両家に）貧富のかなりの開きができたとしても、破棄することはできなかった」。そして清代になっても、皇子の婚姻においてこの婚約形式が重んじられたと述べられている（同前、上巻）。

ちなみに、この種の婚約習俗は、稀ではあるが、わが国においても報告されている。すなわち三重県安芸《あげ》郡芸濃《げいのう》町忍田《おした》では、見合結婚がほとんどで恋愛結婚は蔑視されていたが、「極端な場合は親同士の間で『今度生まれる子が女だったら……』というように、出生前にきめることもあった」(文化庁、前掲)。

中国の媒酌結婚

さて、とかく日本特有の婚姻習俗と思われがちの仲人結婚は、人類学によれば少なからぬ民族に見出され、その術語《marriage negotiated by go-between》さえ設けられているのである。それは、中国北方の少数民族にも広く行われていた。

実際、『中国少数民族の婚姻と家族』(上巻)のなかでダウォール族を分担した筆者の莫日根迪《モリケンテイ》は、婚約成立の「形式には二通りある」と述べ、その一つが右述の指腹為婚であり、もう一つは「広く行われている媒酌人の裁量まかせの形式」だとしている。すなわち男家の親は、娘の方の家と親戚もしくは友人である人物に頼んで仲人(「媒人」)になってもらうのである。この媒酌人は酒瓶をもって女家に赴き、縁談をすすめる。女家の親がこの話に乗り気であれば、媒酌人が振舞う酒をのみ、彼の叩頭の礼を受け、それによって縁談が整うことになるのである。

満族のもとでも、この「媒人」による仲人結婚が一般的に行われていた。「男方が主動的に女方を選ぶ」が、その際、年輩の親戚、友人を媒酌人に立てた。男家では「父母があらゆる手を尽くして息子のための配偶者選びをする。ふさわしい娘を見つけると、男家の父母は媒酌人(農村では媒婆《メイポウ》という)を立てて女家に縁談を持って行く」(同前、上巻)。

ダウォール族でも満族でも、先にみた「指腹為婚」は特殊な場合で、一般にはこの仲人結婚が行われていたのである。

ところで媒酌人が女家に縁談をもちかけた際、女家がたとえ良縁と思っても直ちに応諾しないという傾向が広く見出された。たとえば内蒙古自治区や黒竜江省に住むオロチョン（鄂倫春）族では、媒酌人がもってきた縁談話にたいして、「女方の父母がすんなり応じることはなく、媒酌人は二度三度と足を運ぶこととなる」し、また同じ地域に居住するエヴェンキ（鄂温克）族でも、媒酌人（「交西《チャオシ》」という）の縁談話が「一度ですむことは稀で、足しげく通うことになる」のであり、女方に断われると、媒酌人は次のように言い残して帰って行くという（同前、上巻）。

木のあぶみが踏み壊れても、
鉄のあぶみが踏み壊れても、
この道を、何度でも参りましょう！

内蒙古自治区のモンゴル（蒙古）族でも同じ風習がみられたが、それは、『蒙古秘史』第六六節中の次の俗諺《ぞくげん》によって説明されている（同前、上巻）。

足しげく求婚されてから受けるのは、すなわち麗しき者。求婚されてすぐさま受けるのは、
すなわち卑賤なる者。

このように中国北方民族では媒酌人は馬に乗って何度も女家へ通うため、馬の鞍《くら》につける木や鉄の鐙《あぶみ》が踏み壊れてしまうが、それは、日本で「草鞋《わらじ》三足履きつぶす」と言われたのと相通ずる

ことである。

《錦木》と北方採集＝狩猟民文化

歌材としての《錦木》

前項でみたように、嫁入婚が支配的な地域では、結婚の当事者が自分の配偶者を選ぶ自由は一般に認められず、親の意思によって選択がなされ、その結婚は仲人（媒人）の交渉をとおして成立する仲人結婚の形態をとった。しかし、この一般原則があらゆる嫁入婚に妥当するか――という疑問を、私はかなり以前からいだいている。この疑問を私が抱き始めた動機は、平安時代以来、東北地方に行われていたとする《錦木《にしきぎ》》の伝承に思いをはせたことにある。

平安時代の歌人のあいだには、《錦木》という特殊な求愛＝求婚の風習が京から遠く離れた陸《み》奥《ちのく》の地にあると想定され、それが鄙《ひな》にも似ず優雅なものとみられていただけに、これを題材とする多くの歌が詠まれた。

平安末・鎌倉初期の歌人・歌学者藤原顕昭《ふじわらのけんしょう》は、その著『袖中抄《しゅうちゅうしょう》』において、源俊頼《みなもとのとしより》の歌学書『俊頼髄脳《としよりずいのう》』より、

錦木はちづかになりぬ今こそは人に知られぬ閨《ねや》のうち見め

の歌を引用したのち、次のような趣旨の説明を施している。

すなわち五彩に色どった一尺ほどの長さの木の棒を、恋する女の家の門にたてて求愛の意を表わし、女がその贈り主たる男の求愛を受けいれれば、それを取入れるが、取入れてくれないと毎日贈りつづけ、それが千本になれば、男に誠の心があるとみなされ、女は取入れて逢う習俗だという。

民俗学からみた《錦木》

さて、錦木の習俗は、民俗学的にみると、《贈物による求婚の習俗》に相応する。すなわち男から簡単な求婚のしるしを女に贈り、もし女がそれを受け取れば、求婚の申出を受入れたものとして私約が成立するという習俗である。たとえば大間知篤三が紹介した八丈島の民俗は有名であるが、寛政八年（一七九六）に同島へ代官として渡った三河口太忠の従者小寺応斎は『七島日記』で次のように書いたという（大間知『八丈島』創元社）。

島人女をこひわびても、おほかたは物か〔書〕かねば文おくる事はせず、ちひさくつくりたるぞうり〔草履〕に、いろいろの染糸をそへ、たとう紙〔畳紙。懐紙のこと〕に包みておくる。女その心にしたがはんと思へば、それを取おさむ。したがはざれば、そのまゝもどすとなん。

この八丈島の習俗が錦木の習俗と極めてよく似ていることは小寺応斎自身が認めたところであり、彼は右の引用文に引続いて「此事みちのくの、にしき木のふることに似て」と述べているのである。ただ、この種の《贈物による求婚の習俗》は、未婚男女の交遊たる「ヨバイ」が公認されていた日本西南部に主に分布しており、その習俗で互いに愛人となった男女はやがて結婚にいたったのであるが、東北では一部の海岸部を除き、たとえ「ヨバイ」が行われていてもそれが結婚と結びつくことは一般に認められていなかった。したがって私は拙著『日本の婚姻』において、たとえ東北の地に錦木の習俗があったとしても、「錦木を取入れて求婚に応諾するかいなかを最終的に判断するのは当の女性よりはむしろその親であったと推察される」とし、この点において、西南日本に分布せる《贈物による求婚の習俗》と「同系統のものと言うことは慎重でなければならまい」と論じておいたのである。

柳田国男の所説

このように私は錦木の習俗について明確な態度を留保しておいたが、それは平安歌人が好んで歌材に求めたこの習俗を単なる空想上のものとも割切れず、さりとて東北地方に西南日本のような自由結婚の習俗が存在することも民俗学上とうてい認め得なかったからである。

もちろん、錦木を千束も立て、立てながらそれが朽ちていくという状況や、それが一尺ばかりの「玩具のような」ちっぽけな棒だというのは、柳田国男も断っていることだが、歌詠みの文学的修飾であろう。けれども、この民俗学の権威も、「恋人が自ら山に入つて心を籠めて伐つて来た木」、あるいは「せいぜいこの家じるし（簡単な二、三本の線の組合わせで家を表わす印）を何かの染料で描いたくらゐ」の素朴な形では、錦木の風習が奥州で実際に行われていたと推定された

図6　錦　木　塚（秋田県鹿角市十和田錦木）

のであり、この推定を前提として「錦木と山遊び」なる論稿も執筆されたのである。

たしかに、錦木の伝説は東北の二、三の地方に残っていたのである。私が知るかぎり、福島県伊達郡国見町伊達崎、青森県東津軽郡平内《ひらない》町小湊字童子ならびに秋田県鹿角《かづの》市十和田錦木の三ヵ所がそうである。私はかつて「《錦木》伝説のふるさとを尋ねて」と題する一文（江守『物語にみる婚姻と女性』日本エディタースクール出版部）において、その検討を行った結果、前二者が錦木の伝説とまったく無縁の地であることが判った。これにたいして秋田県鹿角は、江戸後期の医師 橘《たちばな》南谿《なんけい》やとりわけ紀行文作家菅江真澄《すがえますみ》がことのほか詳細に記述した最も有力な候補地だったのである。

しかし、この鹿角の地についても問題がなくはない。本伝説に関する地元の初見の文献『鹿角由来集』（慶安四年〔一六五一〕）やそれに次ぐ『鹿角由来記』（寛文年間〔一六六一～七三年〕）の成立とされる）には、謡曲『錦木』の影響が見られるからである。ただ、この後者の『由来記』のほうは、編者の付記を除けば、謡曲の影響が少なく、また説話に登場する人物も「古川里《さと》の美女」とか「草木里《さと》の男」とか、固有名詞をもたない村里のごく普通の男女となっており、このことから地元の歴史家安村二郎も、『由来記』の説話こそが当地の錦木伝説の〝基本型〟とみなされた。

この見方からすれば、鹿角地方に元来、このような素朴な形の昔話があり、それが、平安＝鎌倉の歌学書や室町の謡曲の影響で次第に潤色加工されていったと考えられなくもないのである。そしてその前提として、山から伐《き》って来た木を懸想《けそう》せる女の家の門に立てて求愛する習俗も、柳田の言うように、行われていたことであろう。

なるほど、民俗学的に考察すれば、最初に述べたように、《贈物による求婚の習俗》が、男女間の交遊と自由結婚に否定的傾向の強い東北地方――とりわけ鹿角のような内陸部――では、少なくとも西南日本のような形態において存在することは考えられないことである。だが、結婚に導かれない単なる性的交遊としての「よばい」は東北地方でも行われていたのであり、そのような求愛の一手法としてであれば、錦木の習俗も十分行われ得たことであろう。

実は、菅江真澄の「凡国奇器」に載せられている「懸想書のかた」という絵図とその解説には、

錦木習俗にきわめてよく似た求愛の手法があげられているのである。その一例はこうである

（『菅江真澄全集』九、未来社）。

みちのおくの国、南部のはまやかたにて、けそうしける女のもとに、むすひふみ、左右よりさし合たることにして、紙を引むすひさしてやれは、女のこゝろによしとおもへは、そのむすひを一ところに引寄て、おとこに返しぬ。又いなといふ返しには、男のくれたるまゝに返しけりとなん。

この絵図には、同種の求愛習俗が奥州各地について記されている。また別の絵図には、信濃国の習俗として、「はんし物とて、包紙の中に小石と木の枝とをさし入て、恋しきといひ」というような例も載せられており、菅江がこのような求愛の民俗に大きな関心をいだいていたことを窺わせている。

もっとも、このような求愛習俗があったとしても、家父長制の強い東北の地では、この習俗によって男女の愛情関係が成立し得ても、結婚にいたることは稀有であろうし、また愛情関係の成立そのものも親の権力的統制によって阻まれることが通常だったであろう。鹿角の錦木伝説も、親の許しが得られないままに男女が悲しい結末に終ったことを示唆している。これまでみてきた〝錦木の里〟の多くが古い墳墓の地であることも単なる偶然とは思えない。錦木伝説が鹿角のように錦木塚伝説となっていることも、あながち謡曲の影響ばかりとはいえまい。

このようにみてくると、鹿角に錦木による求愛の習俗があったこと、そして、東北固有の強力な親の婚姻統制のために恋する男女が非業な死を遂げたことは、十分認められてよいと思えてくる。そのかぎりにおいて、鹿角を《錦木伝説のふるさと》とみなしても差支えなかろう。ただ、縊死《いし》などの悲惨な結末に終るとは、平安－鎌倉の歌人たちの夢想だにしなかったことであろう。いな、彼らが奥州の求愛の習俗やその実際の姿を真に知っていたとはとうてい考えられない。おそらく自らの懸想文の体験にもとづいて、美しく歌いあげたことであろう。ところが、どのような契機にもとづくものか、世阿弥は一転して悲劇性を強調する謡曲を作ったのである。

この文学史の問題は専門家の判断にまかせるとして、最後に付加えておきたいのは、錦木が、恋する相手の女性の心を引きつけるアイヌの呪術的習俗だとする金田一京助の所説である。

アイヌの愛の呪法

アイヌでは、削り花をつけた一尺ばかりの「イナウ」という棒を揺り動かして精霊を招き寄せる呪法があり、この精霊を招くことを「ニシク」と言っているので、錦木とは、「ニシクする木、即ち削り花のイナウ」を指す言葉だという説である（『金田一京助全集』十二）。つまりこのイナウに男の家印をつけ、これを恋する女性の門に立て、その女性の霊をひきつける愛の呪法だという解釈である。傾聴に価する説である。

アイヌには、仲人による媒酌結婚もあったし、幼児婚約――とりわけ「指腹為婚」に当る習俗

――もあった。「親と親との襁褓《むつき》の中からの結婚、もしくは腹の中にある時から、『若《も》し男だったら』、『若し女だったら』云々というような約束の場合も、無いことはない」。しかし、古くは、概して「自由結婚が認められ、本人同士の意志が容れられやすかった」（同前）という。

すなわちアイヌの叙事詩にもしばしばみられる最も古風な習俗は、婚期に達した娘のために母屋の後に一棟を建て、そこに所帯道具をもたせて娘を住まわせる。そして求婚に訪れる若者のうちから、双方の心のよく合った者を選んで結婚させるのだという。訪れる若者は自ら炊事して、椀《わん》に食物を高盛にし、その半分を食べたあと、残りの高盛の半分を娘に差出す。娘が食べ終れば承知したことになり、食べなかったら不承知を表わす。また訪れる若者たちの間に烈しい競争が起り、「はては決闘となり、勝った方がこの娘を得て結婚するという筋が、神話にも昔 噺《むかしばなし》にも沢山ある」という（同前）。

この娘のための別棟の居室は、日本西南部や中国南部の少数民族のもとでみられた「嬬屋」の習俗に通ずるし、また若者から娘への食物の提供は、右で検討した「贈物による求婚の習俗」に当るものと言えるかもしれない。しかし、私は、アイヌのこの習俗が南方系文化に属するものではなく、それとはまったく独自な、原始的な北方狩猟民文化の中に位置づけられるものと考えている。

北方狩猟民の自由結婚

実は、シベリア東部から中国東北地区にかけて居住する狩猟＝漁撈民族の中には、アイヌと同様に、父権文化がまだ十分確立せず、原始的な求婚の自由の残影を留めている民族がみられるのである。たとえばアムール河や松花江の流域に住むホジェン（赫哲）族（ロシアではナナイ族という）では、漢満両民族の影響のもとに媒酌結婚が普及してはいるが、かつては当事者の意思が貫かれることもあったという。「娘がある男に嫁ごうとするのを娘の父母が承諾しないと、男子は友人たちの加勢を得て娘を奪って妻にする。すると娘の父母は、この縁組みを黙認するほかはなかった」（『中国少数民族の婚姻と家族』上巻）。

中国東北地区のエヴェンキ族でも、前項でみたように媒酌結婚が行われていたものの、恋愛結婚も、とくに内蒙古自治区の陳巴尔虎《チエンバールフ》では行われていたという。すなわち恋する男女が女方の親には内緒で、男方の父親に二人の意思を告げると、男方の父母は二人のために新しい住居を設営する。あらかじめ決めておいた結婚式の日の前夜、娘は密かに親のパオを抜け出し、若者と共に馬を駆けさせて、自分たちの住居に入り、そこで「娘時代の八本のおさげを二本に編み直してもらえば、結婚は有効となる」。そして二人はまだ暗いうちに男方の父母の住むパオの火神と祖先神に拝礼するのである。女方の父母には使者を遣る。そして自分の娘の結婚を知って怒っている父母に使者が酒をつぐ。はじめは怒って杯をうけない父母も、重ねて注がれる酒を飲んでしまえば、この結婚が晴れて認められることになるのである（同前、上巻）。

このホジェン族やエヴェンキ族の駆落ち式の恋愛結婚は、紀元前後に興安嶺東部で活躍していた烏恒《うがん》族の習俗を想起させよう。『後漢書』烏恒伝には、

其の嫁娶は、即ち先ず女を略し、情を通ずること或いは半歳、或いは百日にして、然る後、馬牛羊畜を送り、以て聘幣と為す

とある。〝女を略す〟と書かれているのは女家の同意を得ずに駆落ちすることと解され、数ヵ月後に、家畜の婚資（「聘幣」）を女家に収めてはじめて婚姻が公式に認められたというのであろう。

《乳房を摑む》求婚方式

このような自由結婚の習俗と関連して注目すべきことは、娘の乳房を摑むという求婚方式がアイヌと古代の勿吉《もっきつ》族に共通にみられたということである。アイヌでは娘が成女となると、「モウル」という長襦袢《じゅばん》のような衣服を着る。それは頭からかぶり、胸もとは左右につけた紐で緊《し》め、首のつけ根まで固く閉ざす衣裳である。このモウルを着ると、村の若者たちは娘をからかい、触ろうとし、またモウルの中へ手をさし込もうとして、ふざけたりする。だが「もし娘が、モウルの紐を解くにまかせ、その乳房を手に握らせたら、即ちその若者の求婚を応諾することである」という（金田一、前掲）。

いうまでもなく、この求婚方式は、松花江流域に居住していた古代の勿吉族（靺鞨《まっかつ》族の旧称）の婚姻習俗として『魏書』勿吉伝が記述していたところである。

初婚の夕、男は女家におもむき女の乳を執りて罷《や》む。すぐに定婚をなし、仍《すなわ》ち夫婦と為る。

右の「男就女家執女乳而罷」の文言については、法制史家の中田薫が解釈に苦労したところである（『法制史論集』第一巻）が、アイヌの《乳房を摑む》求婚方式に関する金田一の説明によって判然となったのである。ちなみに、大林太良によれば、それは沿海州から北米西北海岸にまたがる文化だという（「東北アジアにおける日本の家族」『日本の家族と北方文化』第一書房）。

以上、《錦木》伝説をめぐって、アイヌをふくむ北方採集狩猟民の求婚習俗について検討してきた。私は、採集狩猟民の段階では、親の家父長制的な婚姻統制が未成熟であるため、このように当事者の任意にゆだねられた求婚習俗が保持されていたと想定している。もちろん、東北アジア全体には父権文化が蔽いつくし、日本の東北地方もその典型的な地域であるが、部分的に北方の採集狩猟民文化の残滓を留めていたとしても格別不思議なことではあるまい。

ちなみに、北方狩猟民の比較的に自由な求婚の習俗は、第一章にみた南方系の自由結婚の習俗と、一見、共通しているかにみえる。しかし、後者では、配偶者選択の機能をもつ男女間の交遊が、若者組や娘仲間、寝宿の制度、歌垣の習俗などによって、共同体全体から担保されているのにたいして、前者にはそのような社会的な枠組が何らともなっていないという基本的な相違が見出されるのである。

呪術的婚姻儀礼と北方遊牧民文化

呪術的婚姻儀礼の意味

日本の嫁入婚をめぐる民俗の中には、東北アジア諸民族の文化に連なるものが数多く見出される。呪術的な婚姻儀礼も、その一つである。

ここで呪術的婚姻儀礼と称するものは、婚姻の成立にあたって、新夫婦の幸福を願って施される呪術的な儀礼である。たとえば夫婦の和合を祈って、夫婦をして、一緒に同じ物を飲ませたり食べさせたりする共飲共食の儀礼は、どの民族でも行われており、日本の三三九度の杯事なども その一例である。また、新夫婦に早く子が授かるようにという生殖祈願の儀礼も多くの民族でみられるが、日本各地でも、嫁が夫家に入るとき、二つの臼の間を通らせたり、杵《きね》を跨がせるということさえ行われている。臼は女性を、杵は男性を象徴し、また搗上《つきあ》げられた餅は子を表わし、嫁はその搗立ての餅を食べさせられるのである。

ただ、以下では、祓《はら》い清めの呪術的儀礼をみてみることにする。実は、新婚の夫婦、とりわけ嫁が、悪霊にとりつかれやすいという俗信が、多くの民族の間に存在した。そのため、それを祓い清める呪術的手法が婚姻儀礼の中に往々とり入れられていたのである。

この祓除《ばつじょ》の婚姻儀礼は、わが国に少なからず見出されたが、そのうち北方系嫁入婚文化に属すると思われるもののみを取上げることとする。

《三周する馬上の花嫁》

馬子は無造作に手綱を両手で肩にうちかけ、花嫁をのせたまま玄関前で三回まはる。声張りあげて唄ふ馬子唄の調べが、嫁ぎ行く馬上の花嫁と、暇を告ぐる実家の人々と、之を見送る村の人々の、総ての人の心の琴線をふるはせると、馬は出て行く。嫁入りの行列が後ろに従ふのである。

阿蘇山中の出立儀礼

これは、昭和八年（一九三三）に発表された熊本県阿蘇地方の婚姻習俗に関する松本友記の民俗学的報告の一節である（「各地の婚姻習俗——熊本県阿蘇地方——」『旅と伝説』六巻一号）。この地方では、嫁入りに先立って婿方が嫁迎えにくる際、馬が馬子共々に婿方から送り届けられるのであり、嫁はその馬に乗って嫁入りする習わしである。右の一文も、その生家出立の場面を記述したものである。いかにも山国らしい花嫁御寮の出立ちの風景がそこはかとない郷愁を漂わせながら美しく描きだされている。だが、その詩情に酔う暇もなく、この中の十数文字が私の眼を射った。「花嫁をのせたまま玄関前で三回まわる」とかかれた箇所である。

この《三周する馬上の花嫁》が私の心を捉えたのは、それが、《三廻《みまわ》り》の呪術的婚姻儀礼の一形式と思われたからである。人類学の研究によれば、結婚式の際、嫁または婿が、あるいはその両人が、炉や竈のまわり、寺院その他の神聖な対象物のまわり、ないしは家屋のまわりを三廻りするという特殊な婚姻儀礼があり（ウエスターマーク、江守訳『人類婚姻史』社会思想社）、この《三廻り》儀礼は嫁や婿を祓い清めるもので、その分布領域は、ヨーロッパから西アジアを経、内陸アジアを横断して中国や日本にいたる広汎な地帯にわたっている。ここでは、内陸アジア諸民族の若干の事例をあげてみよう。

内陸アジアの三廻り儀礼

まず中国東北地区の満族では、婚家についた花嫁は、婿方の添い嫁（娶親奶《チュチンネー》奶《イネ》）に導かれ、テーブルのところまで連れて行かれたのち、添い嫁は花嫁花婿の手を取ってテーブルの周囲を三回廻らせる（——このテーブルの上には二本の蠟燭と二杯の中国酒がおかれている）。そして添い嫁が新夫婦に二個の酒杯を与え、花嫁の手を花婿に渡す――、つまり「手渡し」の儀礼である（シロコゴロフ、大間知篤三・戸田茂喜訳『満洲族の社会組織』刀江書院）。

モンゴル族のもとでは種々の《三廻り》儀礼が報告されている。喀喇沁《カラチン》一帯では、新婦が生家を出立する際、庭のテーブルの上の香炉で香が焚かれ、新婦は駿馬に乗る。「一人の少年が前で馬を牽き、もう一人の少年が奶食《ナイスウ》の碗を手に捧げ、芳しい香煙がただよう中を新婦とともに、香炉のまわりを三回巡り歩く」。この三巡りを終えてから、新婦は叔父にたすけられて幌馬車《ほろばしゃ》に乗移り、出立するのである（『王公補遺　蒙俗風情拾粋』内蒙古文史書店）。

また伊克昭盟《イクチャオメイ》の蒙古族では、嫁は生家の門を出て馬に乗り、家屋を三周し、捷駆して去るという（妻子匡『婚俗志』）。馬之驌によれば、馬上の花嫁が「戸外で繞行すること三周」という出立儀礼が、蒙古族の一般的な習わしだったという（『中国的婚俗』）。

『中国少数民族の婚姻と家族』（上巻）は、内蒙古自治区の蒙古族における〝三周する馬上の花嫁〟の姿をいきいきと描写している。

花嫁は、大勢の娘たちの介添えで顔を真紅のベールですっぽり覆い、ピンクの袍を着て幅広い緑の絹帯をしめ馬皮のブーツをはき、髪にはおびただしい真珠と珊瑚を綴り合わせて前に房を、左右に穂を垂らす。豊満な健康美とおっとりした美しさが、匂いたっている。花嫁送りの祝い歌の流れるさ中、馬上の花嫁は生家のパオを三周して肉親と名残りを惜しむ。この時母親は泣きながら歌を唄うのが常で、大意「娘がやっと大きくなったと思ったら、もう嫁に行く日が巡って来た。私の胸は張り裂けんばかり、この胸の内にぽっかり穴があく……」と唄う。父親は自分では唄わず、通常娘たちが代わって唄う。……父母の歌が終わると、花嫁は添い嫁と親戚友人に付き添われ、花婿と花嫁迎えの行列に従って駿馬にうち乗り花婿の家へとかけ去って行く。（傍点＝引用者）

またエヴェンキ族のもとでも、この《三廻り》儀礼が行われていた。中国北方で狩猟とトナカイ飼育に携わるエヴェンキ族では、嫁迎えに妻家にきた婿が嫁と共にそれぞれトナカイに乗り、花嫁の家の周りを三廻りするし（同前、上巻）、外バイカルのエヴェンキ族では、トナカイに乗って婚家についた嫁が、家に入る前、その周りを三度廻るという（シロコゴロフ、川久保悌郎・田中克己訳『北方ツングースの社会構成』岩波書店）。

さらに遠く西アジアのシナイ半島のアラビア人のもとでも、駱駝《らくだ》に乗った花嫁は、自家のテントのまわりを三周して出立すると、ファン・ヘネップの『通過儀礼』（綾部恒雄・裕子訳、弘文堂）の中で書かれている。

古代経学の三廻り儀礼

このような遊牧民族の婚姻儀礼が古代中国に影響を及ぼしたであろうことが、『酉陽雑俎《ゆうようざつそ》』の中から窺える。すなわちそこには、

近代婚礼……婦上車、聟騎而環車三匝

と書かれているのであり、〝嫁が車にのり、婿が馬に跨って車を環ること三周〟という出立儀礼が唐代に行われていたと推察されるのである。ただ、古代の経書の一つ『礼記』昏義では、同様の儀礼を取扱っている箇所で、

壻……降出、御婦車而壻授綏、御輪三周、先俟于門外

と記述されており、この「御輪」が「環車」と同じ意味かどうか私には解せなかった。そこで、この点について中国哲学の澤田多喜男に示教を乞うたところ、鄭玄の注に「壻御婦車輪三周」と、孔穎達の疏に「壻御婦車之輪三匝」と、いずれも〝婿が嫁の車の輪を御すること三周〟との解釈が付せられていること、また『儀礼』士昏礼の「婦乗以几、姆加景、乃駆、御者代」の駆の語義に関して、鄭注では「駆行也、行車輪三周」と記述され、〝車輪をすすませること三周〟との解釈が施されていることなどを勘案して、車輪が三回転する分だけ嫁の車を御することだろうと説明をうけた。

つまりこれらの経学上の議論からするかぎり、騎乗せる婿が嫁の車を三廻りするという儀礼は経学では認められていないことになる。澤田が示唆したことだが、『酉陽雑俎』の撰者段成式もこの経学上の立場を弁えており、まさにそれ故、冒頭に〝近代の婚礼〟と断ったのであろうし、また経書と『酉陽雑俎』の差異も、士大夫の儀礼作法と庶民の儀礼習俗との相違を表わすものと解されるかもしれない。いずれにせよ、古代中国には、嫁の出立の際、その車をめぐって何らか

の三廻り儀礼が行われていたこと、そしてそれが北方遊牧民の三廻り儀礼と無関係でなかったことだけは、確かなことであろう。

ちなみに、右述の〃嫁の車の輪を御すること三周〃という経書の儀礼が、江南の少数民族で行われていることが最近判明した。湖北、湖南、四川の三省の境界方面に居住するトゥチャ（土家）族では、花嫁の生家出立の際、花嫁が乗る轎《かご》（「花轎」）をめぐって次のような作法が繰広げられる（『中国少数民族の婚姻と家族』上巻）。

花嫁は二束の箸を持って花轎の前後に一束ずつ投げ、花轎の轅《ながえ》を三度踏んでから乗り込む。女家が「護身帯」で花嫁を花轎に結わえつけると、花嫁迎えの一行は「喜把《シーパー》」（花嫁迎えの）松明）二本に火をともし、爆竹を鳴らして出立となる。表門を出る時には女家は箒《ほうき》で三度掃く。すると女性たちの一群が轅に手をかけて、前進後退を続けざまに三度繰り返す。

ここでは馬車の代りに轎が用いられているので、花轎を前進後退させることを三度繰り返すのであろう。古代の漢族の士大夫階層の儀礼法式が少数民族のもとで採入れられて近時まで行われていたことは、興味ぶかいことである。

炉辺三廻りの儀礼

さて、翻ってここでわが国の《三廻り》儀礼についてみてみると、その大部分を占めるのは「炉辺三廻り」の婚姻儀礼である。それは、嫁、婿もしくはその両人が炉のまわりを三度廻る習俗である。日本におけるこの習俗の存在が最初に指摘されたのは、明治二十二年三月の『東京人類学会雑誌』第三七号にのせられた泉沢恒蔵の報告記事であった。すなわち同号の婚姻風俗集の欄の「陸中国鹿角郡婚姻風俗」の項において、

同郡草木村及其ノ近在ニ於テハ婿ナル者其村ノ若者宿（是ハ其婿ノ親戚ノ家ナリ）ニ行キ酒ヲ飲ミ婿ヨリ盃ヲ指シテ亭主役物持役酌取等役割ヲ定メ時分ヲ計リテ婿ノ先導ニテ大鼓笛抔ヲ打鳴シ婚姻ノ家ニ行キ亭主役ノ者五升入ノ柳樽ヲ背負ヒ其家ノ火炉ノ周囲ヲミタビ廻リテ樽ヲ出シ「今晩ハ御目出トウ」ト主人ニ礼ヲ為スナリ

と記述しているのである。この記述では、炉辺三廻りの行事が婚礼のどの段階で行われたのか明らかでなく、柳田国男、大間知篤三の二人も、この報告を『婚姻習俗語彙』に収録する際、「此例はそれから嫁入があつたのやら、はた又嫁の家に於て式を完了したのやらたしかでない」と述べつつも、「朝聟入」の項目の中に収めているのであり、おそらく嫁入前の婿入の行事として行われたのであろう。また、右の記述では「亭主役」なる若者仲間の一人が炉辺廻りをなしており、おそらく「亭主役」が婿に代行してこれを行ったのであろう。

この秋田県鹿角郡の習俗が報ぜられてから五年目の明治二十七年に、『日本婚礼式』上巻（『風俗画報』七五号）は「山形の婚姻」なる短編の記事のなかで、嫁が婚家につくと「嫁婦を炉辺三度廻らせ」るとの習俗を掲げたが、この習俗が山形県の全域に分布するのか県内の特定の地域にのみ行われるものかは明らかにされなかった。のちに和歌森太郎が「山形県の村山地方では、い

まは実行されていないが、嫁に来たら、その家のカマドの前を三度廻れといっている」と述べているので（『和歌森太郎著作集』一〇巻、弘文堂）、右の記事もこの奥羽山脈添いの地方の習俗を述べたものかもしれない。なお、岩手県の遠野地方にも、婚家についた嫁が「炉辺を三めぐり」してから奥へ案内される風習があったという（大間知「婚礼の意義」）。

この東北地方から遠く離れて、近畿地方の中部にも同種の習俗がみられた。すなわち奈良県山辺郡山添村助命では嫁が入家する際、足洗いの真似事をした上で土間に入り、「オクドさんを裏の方から三度まわる」習俗があった。現在では「一度まわってすませている」とのことだが、ここで「クド」とは竈（竈突《クド》）を指す（文化庁編『日本民俗地図Ⅵ解説書』国土地理協会）。また大間知によると、「嫁は竈を三度まわって勝手の間へあがる風」が同県添上郡にもあったという（大間知、前掲）。この奈良県の笠置山地から京都をはさんで西北方の丹波の一農村にもこの習俗がみられた。京都府船井郡園部町船岡で、嫁は婚家に入るときにまず「クドを三度まわる」という（文化庁編、前掲）。

このように炉辺三廻りの習俗は、今までの報告では、東北地方の山岳部と近畿中部という遠く隔たった二つの地域に分布しているが、さらに検討すれば、他の地方、とくにその中間地帯にも見出されるかもしれない。たとえば長野県北安曇《あずみ》郡小谷《おたり》村南小谷では、婚家についた嫁は「ジロ（地炉）の周囲を右回りにまわって」から座敷に上るという（同前）。何度まわるか書かれてい

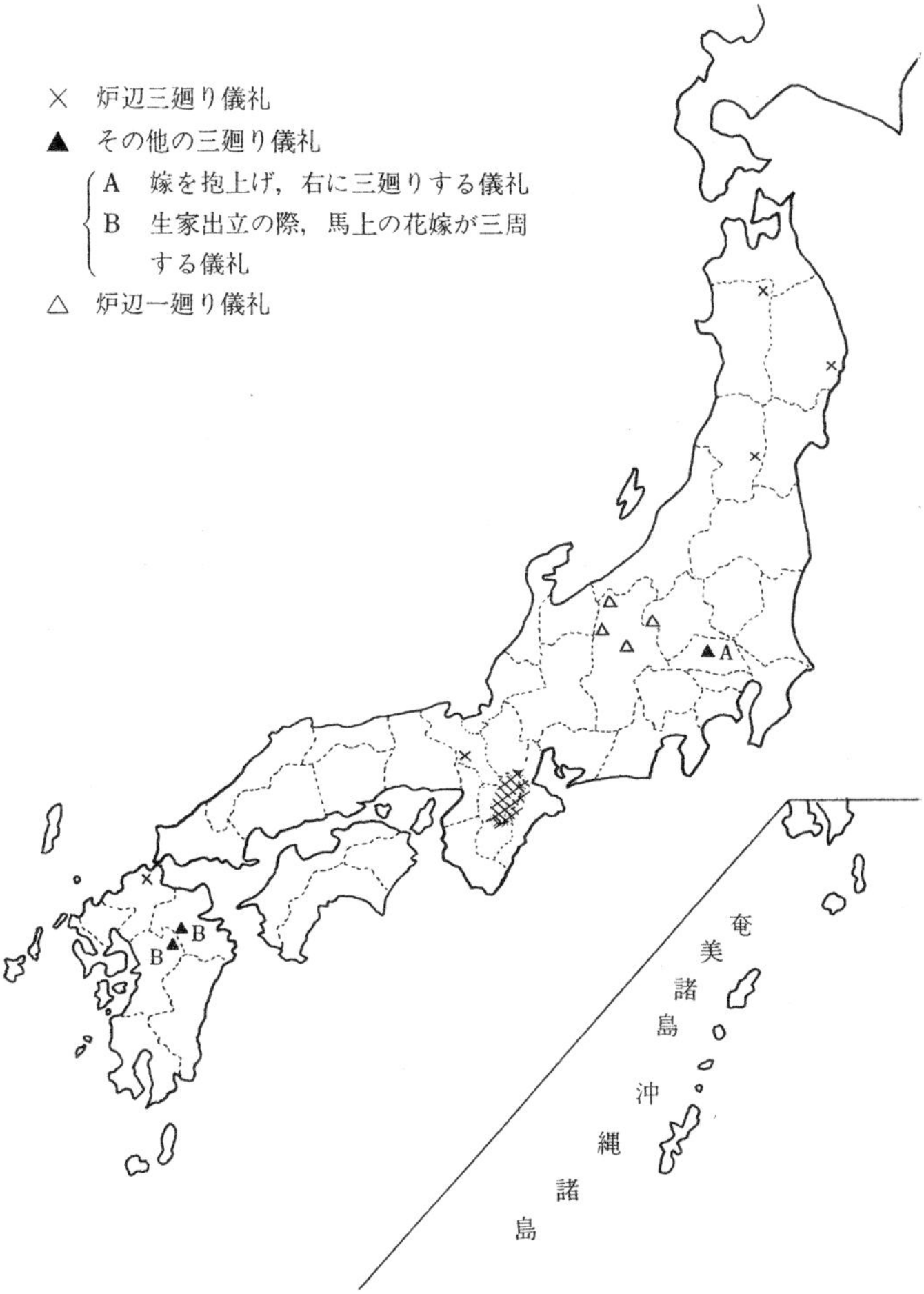

図７　三廻り儀礼の分布図

ないが、おそらく炉辺三廻りの習俗か、少なくともその系統のものだと推察される。

この炉辺三廻り儀礼のほか、《三廻り》の婚姻儀礼としては、屋敷の周囲を三度まわる儀礼が古い故実書に載っている。嫁入に先立って行われる「輿《こし》の乗初《のりぞめ》」がそうである。すなわち江戸時代初期の小笠原流の礼法家水島卜也の『婚礼推陳記』には、桂女を輿に乗せ、君が代を三唱させ、「屋敷の廻りを三度順に廻」らせる古例がかかれている。水島卜也が「古例」というのであるから、江戸時代以前から行われていたものであろう。もっとも、江戸末期の有職故実家松岡辰方の『婚礼里出之記』には、「昔は輿に乗り、屋敷の廻りを三べん廻るといへども、今は不ㇾ用」とあるから、松岡の頃にはこの礼法も廃れていたことがわかる。

九州北部のアルタイ系文化

私は、炉辺三廻り儀礼も、屋敷の周りを三廻りする「輿の乗初」の儀礼も、右にみた内陸アジアの遊牧民における《三廻り》儀礼に連なるものと考えている。ただ、この観点から問題になるのは、冒頭に掲げた阿蘇山中の《三周する馬上の花嫁》の儀礼が、他の《三廻り》儀礼と離れて孤立しているので、それがはたして遊牧民文化と連繫すると言えるか——という点であった。しかし、その後、炉辺三廻りの儀礼が北部九州（福岡県遠賀郡水巻町）で行われていたという報告（中村正夫「福岡県の祝事」『九州の祝事』明玄書房）に接した。また、馬上の花嫁が三廻りする儀礼習俗も、大分県大分郡庄内町の旧阿蘇野地区にあったことが、民俗学者の加藤泰信の示教で判明したのである。

そこでは花嫁は馬に乗って嫁入りするが、「家を出る時、右回り三回馬を回わし、鞍馬天狗を歌って送り出す。嫁迎えの責任者は馬の側について行く。馬にはノリカケ（座席用の布団）をかけ、首にゴロ（鈴）をつけてシャンシャンと鳴らした。嫁方からは父母・おじ・おば等親類の主な者やヨメゴマガイがついて行く。ヨメゴマガイには花嫁と同じ年格好の親類の娘がなり、嫁の世話をした」という。（加藤「阿蘇野の民俗(二)」『大分県地方史』六四号）

これらの事実から、この地帯に、内陸アジアの遊牧民に特徴的な《三廻り》儀礼文化が定着していて、阿蘇地方における馬上の花嫁の三廻り儀礼をこの内陸アジアの文化と規定して差支えないと考えるに至ったのである。

このような人類学的な判断をくだすについては、実は、他にも根拠があった。松本が報告した阿蘇地方の婚姻儀礼に、アルタイ系と思える儀礼がいくつか見出されるという事実である。嫁入道中に篝火をたき、婚家の玄関先でも茅《かや》束の松明を燃やすという《火》の儀礼、婚家の玄関先で嫁が冷酒をのむ〝軒場《のきば》の盃〟という《水》の儀礼、また「新郎新婦の床入りはその夜は行われない」という初夜の忌が、そうである。

このうちとくに《火》の儀礼は、佐賀県を中心とする西北九州に多彩な形をとって見出される。嫁入道中に藁火《わらび》をたく〝ワラタキ〟、とりわけその火の中に胡椒《こしょう》などを入れて嫁を燻《いぶ》す〝胡椒クスベ〟、婚家の門口で両家の灯火を交換する〝提灯マワシ〟ないし〝マツツケノ儀〟等々である。

いな、一九八三年の夏に私は、福岡県粕屋郡粕屋町において、花嫁に火を跨《また》がす儀礼があったことを発見した。嫁が婚家に近づくと藁火がたかれ、嫁は裾《すそ》を手繰りあげ、その藁火を跨いで入るという習わしが、六十年位前（一九二〇年頃）まで行われていたというのである。このような《火》の儀礼は、内陸アジアのアルタイ系民族から由来せるものとみて間違いないのである。

三廻りの呪法

ところで、《三廻り》の婚姻儀礼との関連で興味深いのは育児の三廻り呪法である。対馬では初宮詣りの際、嫁やその母が子供を抱いて拝殿を三回右廻りするし、大分県大野郡野津町や臼杵市でも同様の儀礼があった。熊本県飽託郡天明町では幼児の夜泣きをやめさす呪法として夫婦が家のまわりを三廻りするという（いずれも『九州の祝事』より）。これらが、幼児に取憑《とりつ》くであろう、あるいは取憑いたであろう悪霊を祓い清める意義を有するものだとすれば、新郎新婦を対象とする《三廻り》婚姻儀礼との共通性が認められるわけであるが、その発生の由来については慎重な検討が必要であろう。

たとえ三廻りという同じ形式をとる儀礼であっても、《三廻り》の婚姻儀礼と同じ基盤から発したものとは限らない。たとえば福岡県糸島郡前原町（旧怡土村）では葬式の際、お棺を庭で三回まわしてから出棺する習わしがある（西南学院大学民俗学研究会『民俗調査報告』第二輯）が、これは「右遶三匝《うにようさんそう》」という仏教儀礼なのである。宗教学の藤井正雄から聞いたところによると、これは、尊敬する人物のまわりを右に三廻りして最高の敬意を表するインドの礼法が仏教に採りいれられたものだという。もっとも、このインドの礼法それ自体の起源についてはなお検討が必要かもしれない。古代インドにも《三廻り》の婚姻儀礼が存在したといわれているからである(Meyer, J. J., *Sexual Life in Ancient India*, London, 1952)。

シルクロードの儀礼文化

日本の婚姻儀礼にはきわめて古い性格を今に留めるものが少なくなく、その儀礼習俗の検討をとおして日本民族文化の源流を探ることもできなくはない。私が日本の婚姻儀礼に関心をよせているのもこのような人類学的な視角からであり、阿蘇地方の民俗に注目をはらうのもそのゆえである。

松本友記の情緒豊かな報告文をよみながら私の脳裏に浮んだ阿蘇の花嫁の姿は、いつとはなしに、草原を騎乗する蒙古の花嫁や、馴鹿《となかい》にまたがってタイガを行くツングースの花嫁や、砂漠の中を駱駝《らくだ》の背にゆられていくアラビアの花嫁へと、次々にかわっていったが、それらは、《三周する馬上の花嫁》の先祖の姿でもあったのである。

縄張りによる道中妨害

嫁入行列を妨害

嫁入道中に村人が縄を張るなどして行路を妨害し、祝儀を強要する習俗は、能登半島を中心として、山形県から鳥取県にいたる日本海沿岸地帯に主に分布していた。

図8　縄張り等による嫁入道中の妨害

この縄張りによる道中妨害の習俗に似たものに、若者たちの嫁入儀式の妨害――とりわけ酒を強要するいわゆる「若者酒」――の習俗があるが、私は、この両者が異なった系列のものと考え、若者たちによる妨害の習俗をここでは考慮しないこととする。日本西南部には村内婚（集落内部での通婚）の規範が広く分布し、これに違反して村外と通婚した者にたいしては、若者たちがそれへの制裁という意味で酒肴を強要することが多かった。しかし、ここでいう縄張りの道中妨害は、村内婚の場合にも行われ、かつ、妨害する者は若者ばかりではなく、村民一般（とくに主婦や子供たち）なのである。

能登地方における天野武の調査によれば、縄張りの習俗を行う主体は「婚姻前の若者たちを主にして学童およびオカカと呼ばれる中年層以上の女性たち」で、とくに近年では「学童・オカカたち」が主流をなすという。そしてその習俗の名称も「ナワバリ」「ナワハリ」「シメナワハリ」が大半だが、「イシコロガシ」「タルコロガシ」「カキスル」（「カキツクル」）などもあるという（『若者の民俗』ぺりかん社）。つまり縄を張るほか、大小の石を路上にばらまいておいたり、縄付きの酒樽をころがしておいたり、また「垣」を作ると称して、「嫁入り行列の通る道筋の地面を二尺ばかり掘り下げ、稲架用の丸太棒を数本立て並べ、縄でしっかり組んで上方を梯子で縛るなど」したりするのであり（長岡博男『加賀能登の生活と民俗』慶友社）、そしてこの通行妨害で祝儀をもらうのである。昭和二十七年にはこの通行妨害を行っていた五十五歳の女性が嫁入りの自動車に轢かれて即死するという悲劇さえ起きたのである。
この道中妨害に関して見誤ってならないことは、嫁入りの当事者がこの妨害にたいして決して消極的ではないということである。右で私は「祝儀を強要する」と述べたが、外観はともあれ、嫁入りの一行が祝儀を喜んで頒《わか》ち与えるのである。だから、道中の妨害はすすんで受け入れたと言うべきであろう。長岡博男は能登の珠洲《すず》地方の一集落における「カキヲツクル」と称する習俗についてこう述べている。

これ〔道中に梯子を組んで垣を作ること〕を昼の間に子供たちが準備し始め、夕刻になると若者たちも手伝って造り上げる。嫁入りの道中はこの横を通って行けないこともないが、誰もそうする者はない。それは、「横を通って嫁に行った」と言って後々までも笑い者になるからである。従って嫁入りの途中で、この縄をほぐし道をつける迄にはかなりの時間を要するのであって、その間、嫁は立往生をしていなければならないのである。そのため附近に集まっている人達から、からかわれたり祝福をうけたりしなければならず、嫁の側でもその人達に振舞いをしなければならないのである。もう十年位前〔本稿発表＝昭和二十七年〕の話になるが、同じ部落内婚の場合だったが、嫁入りの道中に二時間もかかったと、その嫁の母親がほくほく喜んで話してくれたことがあった。カキをつくられることがこれ程光栄でもあったのである。（同前）

ウェスターマークは、この種の道中妨害の習俗が「悪霊を祓う手段」という原義を有するものと解釈しているが、そうであれば、結婚当事者が祓除たるこの妨害習俗を積極的に受けいれることは何ら怪しむにたりないのである。

北方遊牧民の妨害習俗

さて、この種の妨害習俗は中国でも見出された。漢族では、それは「閉門不納」の習俗――すなわち嫁迎えに来た婿方一行にたいして妻家が門を閉じて入れず、また嫁入りする新婦の一行にたいして夫家が門を閉じて入れず、いずれの場合も門前で、内側から発せられる難問に応答し、最後に門外から祝儀が投げ入れられて、門が開けられるという習俗――の形式をとっていた。この〝閉門不納〟の習俗は道中妨害の習俗と同系統のものなのである。実際、北方遊牧民のもとでは、この両者が併列的に行われていたのである。以下では、北方諸民族における道中妨害や閉門不納の習俗についてみてみよう。

まず満族やその一支族たるシボ（錫伯）族のもとでは、縄張りによる道中妨害の習俗が《攔喜《ランシー》車《チヤ》》の名のもとに行われていた。烏丙安によれば、喜車とは、馬車の上に布で幌を作り、嫁を連れてくるために男方が用意する車をいう。たとえば満族ではその喜車に花嫁が乗って村境を出ようとすると、「村の青少年が道に数本の麻縄を張って通行を妨害し、村から出るのを阻もうとする。その際、嫁迎えの男方の年長者が車を下りて、車の妨害者たちに酒を振舞って挨拶する。酒を飲めば、妨害者たちは麻縄を取り去って花嫁をお見送りするのである。〔もっとも〕満族の婚礼が漢族の習俗から大きな影響を受けるにつれて、この種の攔喜車の習俗もしだいに姿を消していった」（烏丙安「中国東北諸民族の家族慣習にみる氏族的特徴　補論三題」『日本の家族と北方文化』第一書房）。

しかも、満族では、〝閉門不納〟の習俗も行われていた。嫁迎えに女家にやってきた婿の一行が女家の門前で、また嫁入りする花嫁の轎が男家の門前で、いずれも〝閉門不納〟の妨害に出逢う。『中国少数民族の婚姻と家族』（上巻）は、満族における〝閉門不納〟の習俗をいきいきとした筆致で描いている。

また新疆の伊犂《イリ》地区のシボ族では今日なお《攔喜車》の習俗が行われている。まず嫁迎えの婿方一行が女家に到着すると、彼らは女家側の女性の歌手隊と婚礼歌の掛け合いの儀式を夜明けまで行う。翌日、花嫁が嫁迎えの一行に伴われて生家を出立する。

その出立にあたって、門外では篝火が焚かれて邪気が祓われる。続いて嫁迎えの一行が出立し村を出ようとすると、女方の村の青少年が藁縄もしくは麻縄を張ってこれを妨害し、声を揃えて、

「この村を出さないぞ！」

と叫ぶ。このときの男方の対処の方法は二つある。ひとつは嫁迎えの車にいた男方の年長者が降りて酒を振る舞って挨拶すれば、通行を許されるという方法であり、もうひとつは花婿

に付添う八人の若者たちが騎馬のまま縄を断ち切り、花嫁の乗った車もろとも、どっと村を出る方法である。そして嫁迎えの車が男方の村の入口に着くと、ここでも男方の村の青少年が縄を張って妨害して、入村を禁じている。そこで花婿と花嫁が愛の歌を晴れやかに唄うと、ようやく村に入れるのである。（烏丙安、前掲）

新疆ウイグル自治区の巴里坤《バルコル》のカザフ（哈薩克）族では、「〔嫁入りの一行は〕道中で牧民に出くわし、牧民らは縄を張って道を遮り、歌ではりあい、祝儀を請求する。花嫁の一行が歌を唱い終え、祝儀を贈って初めて解放されるのである」（『巴里坤哈薩克族風俗習慣』）。ちなみに、このカザフ族における縄張りでは、単に祝儀がせびられるだけでなく、歌を唱うことも要求されるのであるが、一九八九年に私が山形県の一農村、西田川郡温海町越沢で聴取したところでは、そこで行われている縄張りでも、やはり祝儀ばかりでなく、嫁入り一行に同伴する仲人に歌を唱わせることが同時に行われていたのである。なお、同様の習俗は山形県西南部から新潟県北部にいたる地域に分布していることも判明し、中国北方の同種の習俗との類似性が鮮やかに看取されたのである。

さらに西シベリアのネネツ族では、嫁迎えの婿が嫁のチュム（円錐形住居）に入る際に嫁側の抵抗をうけるが、翌日、嫁の一行を引従えて帰る際、嫁の親戚による儀礼的襲撃をうける。行方を塞ぐのであり、「〔嫁入行列の〕先頭を行く新郎は急遽仲人と相談して襲撃者たちにトナカイの幼獣などを贈って引き取ってもらう」という（佐々木史郎「ネネツの婚礼」『なろうど』七号）。

ヨーロッパの道中妨害

ところで、縄張りによる道中妨害は、ウェスターマークによれば、ヨーロッパ諸民族の間で広く行われていたという。すなわち「道中妨害（barricading）は、時折、丸太棒やときには武器をも花嫁の車の前に投げつけて行われるが、単に、花をつけた綱や縄を道に張るだけのものが一層頻繁に行われる。そして花婿は車の通過を認めさせるために身代金を支払わねばならないのである。」（江守訳『人類婚姻史』社会思想社）。

マルチーヌ・セガレーヌ（Martine Segalen）はフランス農村社会における興味ぶかい妨害習俗を紹介している。たとえばベリ地方では、結婚式の前夜、花婿が婚礼の贈り物をもって花嫁の家を訪れるが、門の扉が閉められて中へ入れない。外にいる婿方の歌い手たちと内側の花嫁方の歌い手たちとの間で歌の掛け合いが数時間も続けられたのち、やっと扉が開かれる。

さらに花嫁が生家を出立し、村を去る際には、その出口に村人たちが綱を張ったり、木の幹などの障害物をおいたりして行路を妨げ、花嫁が彼らに飲ませたり小銭を与えるなどして障害物を取り除いてもらうのである（片岡幸彦・陽子訳『儀礼としての愛と結婚』新評論）。つまり閉門不納の習俗とともに縄張りによる道中妨害の習俗がフランスの農村でも行われていたのである。

北方系統の文化

以上のようにこの妨害の習俗がヨーロッパから内陸アジアを経て東北アジアまで、ユーラシア大陸を横断して分布していたのである。日本の縄張りによる道中妨害の習俗も、このような北方ユーラシアの儀礼文化に連なるものだと考えられる。ただ、大陸の多くの民族では〝道中妨害〟と〝閉門不納〟が併列して行われていたが、日本には前者のみが見出されるという特異性が存在したのである(――ちなみに中国の漢族では〝閉門不納〟が行われていたが、道中妨害に関する報告には私はまだ接したことがない)。

私は、日本の道中妨害の習俗が満族などの中国東北地区の民族をとおして北方ユーラシアの儀礼文化に連なると考えているが、この仮説にたいしては、次のような疑問が投げかけられるかもしれない。すなわちこの種の妨害習俗は中国南部の少数民族――たとえばヤオ族、ムーラオ族、キン(京)族、シェー(畲)族など――からも報告されており(『中国少数民族の婚姻と家族』上巻)、また奥野彦六郎の『沖縄婚姻史』にも記述されているように、沖縄の一部にも見出されており、南方からの伝播も想定されうるのではないか、という疑問である。たしかに、この想定も否定しきれないかもしれない。

しかし、沖縄の道中妨害は、奥野も認めているように、九州以北に比して分布密度が稀薄であり、しかも、その習俗が村落内婚規範に違反せる村外婚への制裁から元来生じたものだとみなされているのである。そうだとすれば、最初に述べたように、それは、祓除の儀礼としての北方系の道中妨害の習俗とは区別して考えられねばならないであろう。

《火》の入家儀礼

わが国の呪術的婚姻儀礼のうち最も濃密に分布しているのは、《火》の入家儀礼である。嫁が婚家に着いたとき、松明《たいまつ》や篝火《かがりび》や藁火《わらび》でもって嫁を迎える一連の儀礼である。

《火を跨ぐ花嫁》

このうち火を跨《また》ぐ儀礼は、中国古代の史書『隋書』倭国伝の「婦、夫家に入るに、必ず先ず火を跨ぎ、乃《すなわ》ち夫と相見《まみ》ゆ」の一文によってことのほか注目を浴びてきた。そしてこの《火を跨ぐ花嫁》の習俗は、古代日本に行われていたばかりでなく、近時までかなり広い領域で、民間に伝承されてきたのである。とりわけ関東と長野県に、集中的に分布していたのである。

たとえば茨城県行方《なめかた》郡玉造《たまつくり》町大字西蓮寺では、手伝いの人が婿の家の庭でかがり火をたき、嫁はそれを跨いではいる。同県稲敷《いなしき》郡桜川村字古渡でも同様の火を跨ぐ習俗があった。群馬県前橋市総社町植野では「豆木をたいた庭火」を跨いだという。埼玉県入間《いるま》郡越生《おごせ》町大字小杉では、婚家のカドグチで嫁は篝火を跨ぐが、それは「狐が化けた場合はここで尾を出す」からだという。同郡日高町の高麗本郷では嫁が跨ぐ火を「迎え火」といった。同県比企郡川島村大字上八ツ林では「酌子がたきぎを焚き、まず仲人が、次に嫁がまたいで家に入る」。同郡都幾川《ときがわ》村大字大野では嫁が婚家のトボウグチで跨ぐ松明は「物干の竹で作った」ものだという（いずれも文化庁編、前掲）。

神奈川県愛甲郡清川村宮ケ瀬では嫁は婚家のトンボグチで松明を跨ぐが、同村の煤ケ谷ではこのトンボグチで跨ぐ松明は「陰陽にかたどったワラブクロ」で作られていたという（同前）。『日本婚礼式』によれば、同県厚木地方では、「門前には男女の童一対の炬松を点《とも》して左右に立ち花嫁の来る時共に之《これ》を地上に置きて火を消す。花嫁は之を跨いで入る。此時傍らに在る者花嫁の頭上に笠を差掛くるを慣例とす」という。このように男女の子供が門前で待構え、その手にせる松明を花嫁が跨ぐという習俗は同県の高座郡海老名町上今泉や藤沢市宮前からも報告されている。また川崎市柿生《かきお》町黒川でも嫁が松明を跨いで勝手口から入る習俗があった（同前）。

東京都でも江戸川区長島町で嫁が婚家の入り口で「藁火を跨いで入る」習俗があった。青梅市下成木上分では花嫁は土間の入り口（トボウ）で婿の母親とトボウサカズキをかわしたあと、「釜で燃やしてまだ燃え切っていない木を二、三本持って来てトボウに置き、花嫁はそれを跨いで家に入る」が、これは「魔除けのため」に行われるという。また八王子市松木や北多摩郡村山町中藤字入では、神奈川県中央部にみられたのと同様に男女児童二人が松明をもつ役をつとめており、前者ではそれは「雄蝶・雌蝶」とよんでいる（同前）。

千葉県でもこの雄蝶・雌蝶の習俗が広く見出され、たとえば市川市香取では「嫁が家に入るとき、雄蝶・雌蝶が藁を束ねた松明を両側から差出すと、仲人がこれを消し、それから嫁がこれを踏みつけて跨いで〔婚家の〕式場に入る」という。船橋市金堀町でも「童男童女がササメを燃やしてそれを〔花嫁に〕またがせる」が、それは「火にとびこんでもつとめる」ということを表わしたものだとされている。千葉市幕張町では燃やした藁を持たせる役は七歳位の男女児がつとめる。市原市姉崎川岸でも「雄ちょう・雌ちょうと呼ばれる二人の子供が持つ二本のたいまつを嫁にまたがせる」が、この松明は「藁を束ねて紅白の水引きをかけたもの」で、子供たちはこれをもって「交互に花嫁の尻をたたき、その後これを屋根に投げ上げる」という（同前）。柳田国男によると、上総君津郡（現、君津市一帯）でも嫁入の時刻に門口に篝火が焚かれるとともに、玄関の式台に松明が十文字に置かれ、「嫁がそれを跨がうとするとき、十二、三歳の男の子と女の子が男は左から女は右から出て、其《その》藁松明を取り上げて嫁の尻をうつ。其童男女は二親の揃った者に限る。之を松明振りと謂ふ」。柳田によれば下総北部にも、「嫁入には、両親ある十一、二歳の男女各々一人、松明を手に持つて待ち受け、聟の家の門口に之を筋かひに地に伏せて、其上を嫁に跨がせる」習俗があったという（柳田「常民婚姻史料」『定本柳田国男集』十五巻）。ちなみに右の雄蝶・雌蝶とは、三々九度の杯《さかずきごと》事に当る男女児を指す。

また、長野県の南安曇郡では、嫁が婿の家の前で馬からおりると同時に、麻殻《おがら》が両側に焚かれ、「嫁の草履にてしょしょと歩み行きし後、右の焚火を一つにして待女郎〔新婦の手をとって家に導き入れて付添う女〕が踏み消した」という（『日本婚礼式』下巻）。

北方遊牧民文化

このように関東地方と長野県にこの儀礼が集中的に分布していたが、この分布状況について、大林太良は、「高句麗系畑作騎馬民」の文化がこの地方に定着していたことを窺わせるものとして捉えたのである（「東アジアの火をまたぐ花嫁」『家族史研究』五）。大陸の騎馬民文化が関東や長野県に深く根をおろしたとする点については、考古学でもすでに議論されてきたところである。すなわち、水野祐は馬の遺体の出土や古墳における埴輪馬の出土例を地域的に統計化した結果、「馬の遺体の出土例の分布においても、また埴輪馬の出土例をみても、圧倒的多数を占めているのは関東地方である」と指摘し、「馬匹文化の中心は、単に古墳時代のみならず、縄文時代から、日本列島では、伝統的に、関東地方を中心とした東日本の地域であった」と論じているのである（「《騎馬民族説》批判序説」『論集騎馬民族征服王朝説』大和書房）。

この説は高句麗系の馬文化の伝播系路についての森浩一の説と関連させるとき、さらにいっそう興味深くなる。森は、長野県における高句麗式の積石塚のおびただしい分布に着目し、高句麗文化が能登や富山方面などへの日本海ルートを経て（大和を仲介しないで）信濃に入ったと考え、「信濃とか甲斐《かい》というところの馬文化が、碓氷峠という重要な交通路でどんどん関東へ入っていき、六世紀から七世紀にかけての関東のものすごい馬の文化というものを後期古墳の中に残していくのではないだろうか」との仮説を提示したのである（『対談古代文化の謎をめぐって』社会思想社)。

これらの仮説については、今後の検討をまたねばならないが、たしかに韓国では《火を跨ぐ》儀礼習俗が行われていた。私が調査した慶尚北道の両班《ヤンバン》階層のもとでは、妻家での挙式のあと半年ないし一年の間別居し、その後、嫁が夫家に引移るという婚姻居住方式がとられていたが、最初に婿が結婚式を挙げに妻家へ赴くとき、その門の手前で藁が燃やされ、行列の最初の人が蹴ったり踏んだりしてこれを消し、婿にその上を通らせるのである。そして別居期間がすぎ嫁が駕籠に乗って夫宅に赴く際にも夫宅の門前でやはり火が燃やされ、嫁がそれを跨いで家に入るという行事が行われていたのである(江守五夫・崔龍基編『韓国両班同族制の研究』第一書房)。

韓国における《火を跨ぐ》儀礼習俗については、そのほか、大林(前掲)や秋葉隆(『朝鮮民俗誌』名著出版)も報告している。また中国北方諸民族でもこの種の儀礼がみられることから、私はこの儀礼習俗が元来、アルタイ系の遊牧騎馬民文化に連なるものと仮定したのである。古代高句麗をはじめとする騎馬民の馬文化とともに、《火》の儀礼文化も日本海ルートを経て日本に入ってきたと想定したのである。

では、この北方系の《火》の儀礼文化が日本に入ってくる流入口はどのあたりであったろうか。森が馬文化について流入口と考えた能登や富山方面では、実は、《火》の儀礼文化は稀薄にしか見出されないのである。私は、新潟県下越地方を、《火》の儀礼文化の流入地点と推定している。

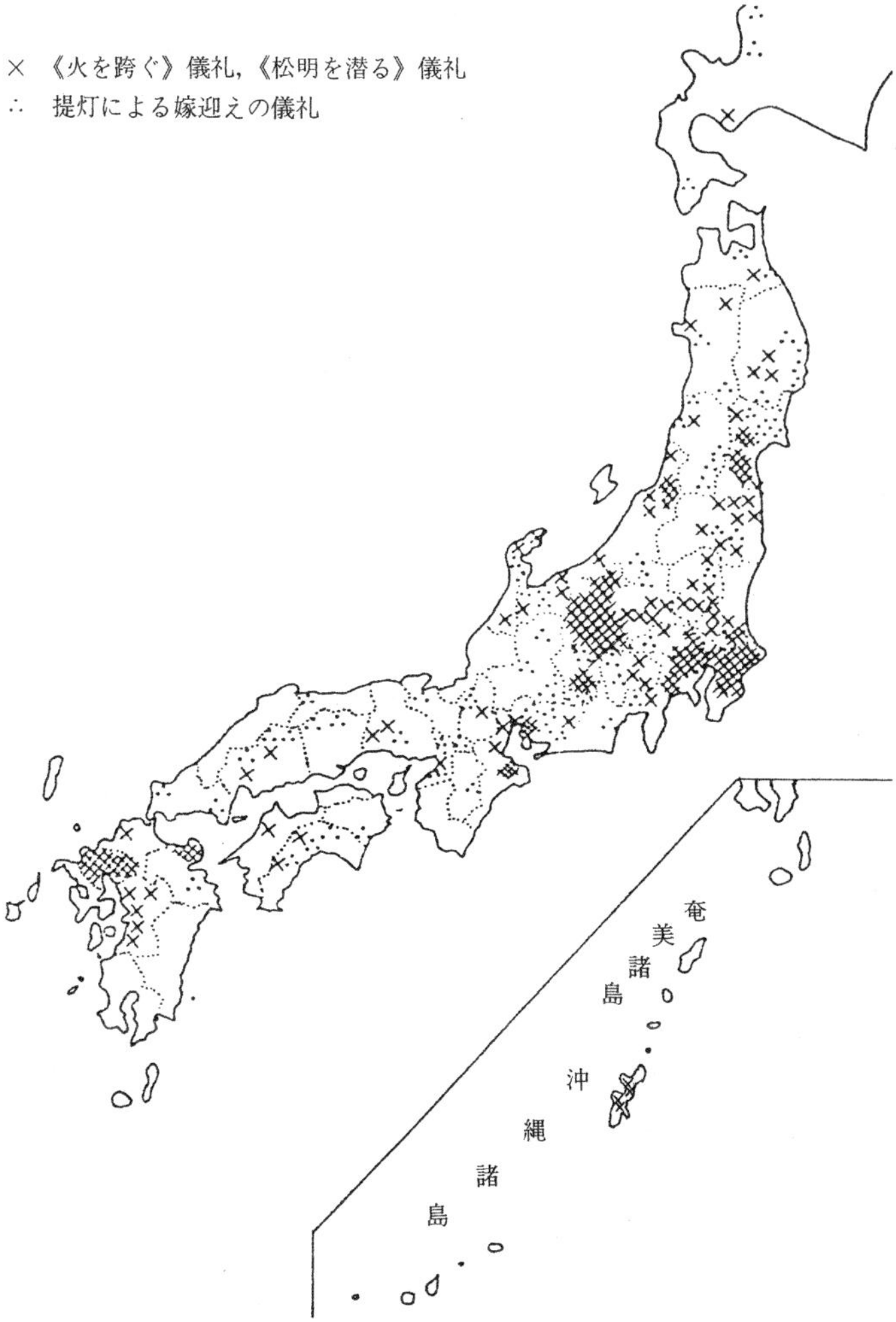

図9　《火》の入家儀礼の分布図

新潟県下越地方では、新発田市方面での「嫁いぶし」の習俗がつとに報告されていた。「嫁の来る門口に迎い火を焚き、その煙の中を潜らせて嫁を入れる」という習俗であり、土地の人々はこの儀礼について、嫁が辛苦に耐え得るかどうかの〝試煉の意味〟とともに〝浄火を踏んで更生する〟という意義をもつものとみなしていた（「越後における産育・結婚・葬儀」『高志路』四巻一号）。ただ、これまでは、この儀礼習俗がまったく孤立した形で報告されていたのである。だが、一九八二年に『新潟県史』の民俗編(1)が刊行され、同地方に《火》の婚姻儀礼がかなり集中的に分布していることが明らかにされたのである。すなわち嫁の一行が近づくと、婚家から松明をもって出迎える「近迎え」の習俗、あるいは「大門または入口の両側にカガリ火と称してワラ火を焚く」習俗が、新発田市を中心とするかなり広い地域に分布しており、とりわけ岩船郡神林村では「〔婚家の〕入口で焚いた火を嫁に跨がせる」という習俗が行われていたことも明らかにされたのである。

なお、玄界灘もまた《火》の儀礼文化の流入口とみなされよう。『福岡県民俗地図』（一九八一年）の調査原簿にもとづいて聴取したところ、同県粕屋郡粕屋町酒殿《さかど》字古賀園では、嫁が婚家に近づくと藁火が焚かれ、嫁は裾を手繰《たぐ》りあげ藁火を跨いで入るという習わしが、一九二〇年頃まで行われていたという。そしてこの粕屋町の《火を跨ぐ》儀礼習俗は孤立しておらず、背振山地以南の佐賀全県や福岡県筑後地方を経て熊本県の阿蘇地方や八代市にいたる地帯の多彩な《火》

の儀礼習俗と連なっているのである。すなわち嫁入道中に藁火をたく「ワラタキ」、とくにその火の中に胡椒をいれて嫁を燻《いぶ》す「胡椒クスベ」、嫁が婚家についたとき入口で篝火をたいたり、竈で煮焚に使ってまだ残り火のある薪で嫁の尻を叩く真似をする儀礼が行われていたのである。また、一九八五年には、森謙二の示教により、秋田県の男鹿半島で《火を跨ぐ》儀礼の民間伝承があったことが判明した。民俗学者の斎藤寿胤が男鹿市五里合において聴取したもので、《火を跨ぐ》儀礼が同地に一九三〇年頃まで行われていたという。

このように秋田県男鹿半島、新潟県下越地方、玄界灘地方などが流入口となって、日本海を渡ってきた北方の《火》の儀礼文化がわが国に伝播してきたと推定されるのである。

松明の間をくぐる儀礼

以上においては、私は《火》の儀礼習俗のうち主として《火を跨ぐ》儀礼についてみてきた。しかし、《火》の儀礼はこのような《火を跨ぐ》形式のものばかりではない。左右に掲げられた松明の間を花嫁に潜《くぐ》らせる形式の儀礼もこれに劣らず広く行われていたのである。

たとえば、東京の田無市では婚家の門前で下男が左右からおのおの一本の松明をもって交叉させていて、「嫁が着くと左右に開いて通じ、通過するとまた交叉して」燃す習俗があったという（中山太郎『日本婚姻史』）。また群馬県桐生市梅田町浅部では嫁は「オシャクッ子」とよばれる男女児二人がかかげる「松明の間を通り抜け」るし、埼玉県浦和市大久保領家でも嫁は「たいまつの火の中を」、同様に北埼玉郡北川辺村大字飯積でも「たいまつの下を」、また東京都調布市佐須町でも「たいまつの間を」、それぞれ潜って家の中に入ったのである（文化庁編、前掲）。

かように松明の火中を通らせる乱暴な習俗は、花嫁に火を跨がす習俗と外形上もほとんど差異がないのである。両習俗とも、火によって悪霊を焙《あぶ》りだすのであろう。実際、花嫁を「たいまつでいぶしたり」（栃木県小山市大字白鳥）、「豆殻をもして箕であおいだり」（埼玉県行田市忍）するといわれている。また、長野県小《ちいさがた》県郡真田町入軽井沢では、「麦わらのたいまつで嫁の尻をたたいた」というが、松明で嫁の尻を叩くこの習俗も、嫁に乗り移った悪霊を逐《お》いだすためのものであろう。千葉県下ではこの習俗が「ケツタタキ」とか「松明振り」とか称され、香取郡神崎町神崎本宿、銚子市名洗町、君津郡峰上村恩田などに分布していた（いずれも文化庁編、前掲）が、千葉県ではこの「松明振り」の習俗は各地で火を跨ぐ習俗と結びつき、嫁に跨がせた松明をもって嫁の尻をぶつのであり、《火を跨ぐ》習俗と《松明を潜る》習俗との同質性が明瞭に窺えるのである。

このように《松明を潜る》形式と《火を跨ぐ》形式との間には、同質性が看取されていたのである。いな、それればかりか、両形式の儀礼が同時に併存しているところもあった。たとえば埼玉県新座市がしかりである。『新座市史』民俗編には、

〔婚家の〕入り口では、後に雄蝶雌蝶の役をする男女の子供二人が麦藁で作った松明を両

脇からかざす。仲人が嫁に菅笠や蛇の目傘をさしかけ、松明の火の間を通り抜け、やっと婿の家に入るのである。松明の火を床に置いて、嫁がその上をまたぐようにして入る場合もあり、方法は一様ではない。

と書かれているのである。しかも、花嫁が嫁入道中、松明の間に挟まれて連れて来られるという習俗が、北方遊牧民に行われていることも知られていたのである。内蒙古のオルドスのモンゴル族について、クレーダー（L. Krader）が述べたことだが、「花嫁は二本の松明の間にはさまれて連れて来られるのであり、香木を混ぜられた松明は夫のキャンプに向かう路上でずっと焚き続けられ、それによって花嫁が祓い清められる」という（*Social Organization of the Mongol-Turkic Pastoral Nomads*, The Hague, 1963）。

それにもかかわらず、私は当初、《火を跨ぐ》儀礼を本来的なものとみ、《松明を潜る》儀礼をそれから派生せる二次的なものと考えていたのであり、実際、拙著『日本の婚姻』（一九八六年）では両者を二つの項に分けて検討していたのである。『隋書』倭国伝の「必ず先ず火を跨ぐ」の文言に影響され、誤った先入見に禍されていたからである。

満族における火の儀礼

二本の松明の間を花嫁が潜るという儀礼形式が単に二次的に派生したものではなく、火を跨ぐ形式のものとともに原初的なものであると気づいたのは、この両形式が満族で併存していたことが判明したからである。

満族のもとでの火の儀礼については、従来、婚家に着いた花嫁が「火鉢で手をあぶる」という形式のものしか知られておらず、ようやく一九八七年刊行の『中国民俗辞典』において、「花嫁が花轎に乗って男家に到着すると、司婚人の引導で、事前に門前に設置されていた二つの篝火の間を通される」という慣習が報告されたのである。そして一九九〇年刊行の『満族大辞典』では、「過火盆」の項目において、

結婚式の日、花嫁が新婚夫婦の部屋に入る時、門前に設けられた火鉢〔火盆〕の上を跨がねばならない。……また、男家の大門の両側に火盆あるいは燃やされた松明があり、花嫁の乗った轎は門を入るとき、その間を通らねばならない。

と記述されたのである。日満両民族の間で、この火の入家儀礼がかくも酷似していることは、まさに刮目《かつもく》に価するものである。すなわち火を跨ぐ儀礼とともに松明の間を潜る儀礼も、日満両民族の間に古くから行われていたことを示唆しているのである。

最後にふれておかねばならないことは、《火》の婚姻儀礼を北方系文化に連なるものとみる私の所説にたいして、これまでたびたび、異論が提示されてきたということである。それは、《火》の儀礼習俗が中国北方の諸民族のみでなく、中原の漢民族や、江南の少数民族の間にも見出されるという論拠によっている。しかし、北方民族の《火》の儀礼習俗が後に漢族その他に伝播したとみることも十分可能であり、大林太良は馬之驌の説に従ってこの立場をとっている（大

林、前掲)。

　そもそも、北方民族で行われていた習俗が漢族に採入れられるということは決して珍しいことではなさそうである。たとえば花嫁が婚家に入るとき馬の鞍を跨ぐという儀礼習俗もしかりである。このことは夙《つと》に『酉陽雑俎《ゆうようざつそ》』で指摘されている。「今、士大夫の家の婚礼では新婦が馬鞍に乗る。悉《ことごと》く北朝の余風なり。今、娶婦の家〔男家〕において新婦が門を入り馬鞍を跨ぐは、これ蓋し其の始めなり」と。ちなみに、この北朝胡人の遺風が今なお満族のもとで行われていることは、『中国少数民族の婚姻と家族』(上巻)において記述されているところである。

　このような文化史の問題に立入らなくとも、満族における《火》の儀礼習俗が、詳細な点まで日本の習俗と一致していることは、日本の《火》の儀礼が、満族をはじめとする中国北方諸民族との関連なしには説明し得ないことを指し示しているのである。

日本の《草履捨て》と満族の《掲蓋頭》

ツングースの《掲蓋頭》

　ここで《草履捨て《ぞうりす》》と仮称するのは、嫁が婚家に入るに先立ち、嫁入の道中に履いてきた草鞋《わらじ》や草履の緒《お》を切って、家の屋根の上に投げ揚げる儀礼習俗を指している。この家の屋根の上に投げ揚げる行為がいささか奇抜なことから、以前から気にかかっていたが、このたび『中国少数民族の婚姻と家族』（上巻）に記載されていた満族の《掲蓋頭《チエカイトウ》》の習俗を読み、日本の《草履捨て》が満族の《掲蓋頭》と共通することを知ったのである。

《掲蓋頭》とは、新婦が婚家に入るとき、生家から頭にかぶってきた赤い被《おお》い（つまり「蓋頭」）を新郎が竿や秤などの先に引掛けて屋根に投げ上げる儀礼をいう。満族では新郎の家に着いた嫁はまず庭の中に張られた天幕の中で花嫁の身装《みなり》に改めた上で、新郎に伴われて中庭に敷かれた赤い毛氈を踏みながら戸口に向う。この時「花婿は秤の竿で花嫁の赤い布を取り去る。この習俗を掲蓋頭という。花婿は竿の先に掲げた赤布を、ぱっと軒に投げ上げる」のである。

また同じツングース系のホジェン（赫哲）族でも花嫁が新婚夫婦の部屋（「洞房」）に入る時、「花婿は入口で馬の鞭（秤の竿のこともある）の先に花嫁の顔を蔽っている赤布を掲げて、屋根に放り上げる」という。

花嫁が赤い布で顔を蔽い、婚家に着いたとき新郎の手でそれが取除かれるという風習は今日では中国各地で行われているようであり、また花嫁が顔を蔽う蓋頭の習俗は史料上、唐代にまで遡っているし、それは日本の被衣《かずき》、綿帽子、角隠《つのかくし》などの面被いと共通するものであろう。ただ、私がとくに注目したことは、満族やホジェン族において、その蓋頭が〝屋根の上に放り上げられる〟という儀礼行為であり、この行為は中国でも東北地区以外の地域の資料には見受けられないのである。

日本の《草履捨て》

では、日本の《草履捨て》の習俗は、具体的にどのようなものであったろうか。実は、それには、右に述べた履物の緒を切って屋根の上に投げるという習俗ばかりでなく、婚家に着いて履物をはき替えるものや、はいてきた履物を隠したり、川に流したりするものや、また単に履物の緒を切って再び使えないようにするというものもある。ただ、これら種々雑多の習俗をすべて含めても、私が文化庁編『日本民俗地図』の婚姻編の解説書やその他の民俗資料で調べたかぎり、その分布領域はけっして広くない。北は岩手・秋田・宮城・山形、中部では新潟・長野・岐阜・愛知の諸県と山梨・静岡・石川の一部、近畿では三重・滋賀・奈良・大阪の各府県の一部にそれぞれ分布しており、関東では千葉に一部見出されるのみである。すなわち主として中部山岳地帯から中下越地方を経て、宮城などの東北地方中部にいたる帯状の地域に集中的に分布し、その外辺部で若干散在しているのである。

このうち、脱ぎ捨てた履物を屋根の上に放り揚げるという行為をともなうものは、主に長野県全域とそれに連接せる岐阜・愛知両県に分布している。たとえば長野県南安曇郡三郷村明盛字中萱では、「婚家の入り口で、男女児が男蝶女蝶〔雄蝶雌蝶〕の役を受け持ち、松明をたいて嫁を迎える。嫁は入り口でわらじの緒を切って、屋根の上に投げ上げる」という。また岐阜県美濃加《みのか》茂《も》市蜂屋町では「嫁が婚家に来ると、はき物を、屋根にほうり上げる風習があった」し、同県可《か》児《に》郡御嵩《みたけ》町津橋でも「嫁は勝手口から〔婚家に〕入り、ぞうりの緒を切って、これを屋根に投げ上げる」と報告されている（文化庁、前掲）。

屋根に放り上げる意味

ただ、婚家の屋根の上に放り揚げるという行為は、嫁の履物ばかりではなかった。すでに《火》の入家儀礼の箇所で引用した千葉県市原市姉崎川岸では、嫁に跨がせる二本のタイマツは「藁を束ねて紅白の水引きをかけたもの」であり、男女児二人は、嫁に跨がせたこの擬装のタイマツで交互に嫁の尻をたたいた上で、これを屋根に投げ上げたのである。この「ケツタタキ」は、嫁に乗り移った悪霊を逐《お》いだす意味をもつものであろう。福島県西白川郡五箇村（白河市）船田では、「嫁が婿方の入口まで来ると、童男童女二人が麻《お》がらの一尺五寸位のを束ねたものを持って相対して立っており、それを三度投げ合う。後にそれを二つ結び合わして、屋根へ投げあげる」。同村の板橋でも、童子二人が左右から麻がらの束を嫁の笠の上を越して、三度投げあう。「それから後ろむきに、麻がらを屋根へ投げる。二本並んであがればよい、落ちなければおさまるという」（大間知篤三「白河近郊の聞書」）。この麻がらの束ねたものは、おそらく松明《たいまつ》を模したものであろう。それを花嫁の頭上に投げ合って祓い清めるというのが、この習俗の原義だったと考えられる。

そもそも《草履捨て》の習俗一般について、多くの地方では、嫁がはいてきた履物が嫁にとって再び用がないように——つまり離縁されることがないように——という祈願をこめたものと解

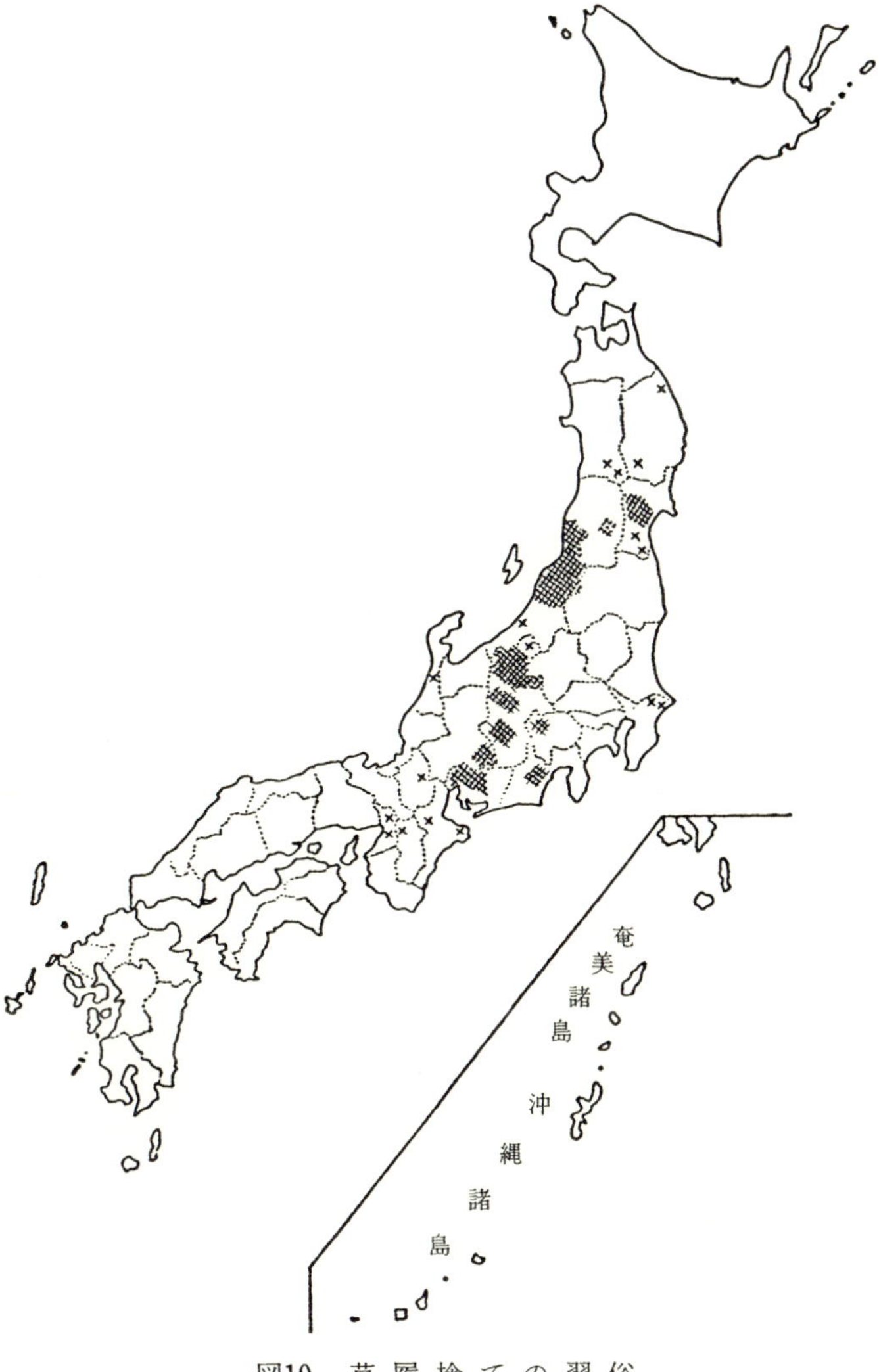

図10　草履捨ての習俗

釈されてきた。しかし私は、嫁入道中に花嫁が接したであろう穢《けが》れを祓い浄めるという意味をもったものだと想定している。実際、今村充夫によれば、石川県金沢市押野地区では嫁は婚家の「ニワで足を洗い、履いてきた草鞋を放る」という習わしがあったが（『北中部の祝事』）、このことは「草履捨て」が「足洗い」と同様に〝下からの穢れ〟を祓うものであることを示唆しているのである。ちなみに、この点で想起されるのは、この「草履捨て」と同じ行為が葬儀における野辺送りや、厄年の厄除けの際に採り入れられ、草履を捨てることによって災厄が祓われるという俗信が見受けられることである。

前者の例としては、たとえば長野県で「野辺送りが終ると、ゾウリ、ワラジをぬぎすててはだしで帰ったり（北鴨）、ゾウリの横緒を切って捨て、道をかえて帰ったりするところもある（上平）」（『信濃の民俗』第一法規）。厄年の厄除けとしては、正月などに神社や道祖神などへ詣りに行き、帰途の四辻などで歳の数だけの銭（たとえば四十二銭）や自分の身に着けている物（褌など）を落して帰る〝厄落し〟が通常だが、四国の香川県高松市円座町では氏神祀りの帰途、「道の辻で草履の鼻緒を切って、下駄にはきかえて後を振むかずに帰る」といい、同様の習俗は同県三豊郡高瀬町・豊浜町にもあったし、愛媛県の東予地方にも分布していたという（『四国の祝事』）。この厄除けの際の草履の鼻緒切りの習俗の分布地域が婚姻の際の「履物捨て」儀礼の分布地域とかなり離れているので、直接に関連づけることは危険であるが、野辺送りの際の同様の習俗が「履物捨て」の習俗の中心的で集中的な長野県にみられることとは、両者が同じ呪術的な儀礼であるとみて差支えなかろう。つまり悪霊を道で捨て、家の中へは入れないという呪法であろう。

中国の「蓋頭」も、馬之驌によれば、出嫁に際して出遭うであろう各種の妖魔鬼怪から新婦を守ろうとして着用されたものだという（『中国的婚俗』）。だから、婚家に着いてそれを捨てるのも、道中に取憑いたであろう穢れを祓い清めることだと解されるのである。

もっとも、単に穢れを清める祓除の呪法であるとすれば、道中に嫁が身に着けてきた草履や「蓋頭」などを、門前で捨てたり川に流せばすむことである。これを婚家の屋根の上に放り上げることまでする必要はないはずだと言えるかもしれない。

しかし、屋根の上に放り上げるという、常識では考え及ばない所作において、日満両民族の間に共通の呪法が見られるということは、逆に、婚姻儀礼習俗における両民族間の文化史的な関連性を推定せしめるものだと言えよう。

姉妹型一夫多妻制の古俗

「記紀」にみる姉妹型一夫多妻制

姉妹が一体として嫁す

妻たちが互いに姉妹であるという特殊な一夫多妻制は、古代日本において天皇家を中心として少なからず行われていた。飯田優子は『古事記』と『日本書紀』から一八件の事例を検証した(「姉妹型一夫多妻婚――記紀を素材として――」『現代のエスプリ』一〇四号)。この婚姻習俗はその後の史料からは報告されていないが、北方諸民族には近時まで伝承されてきたのであり、日本古代のこの習俗も北方系の文化要素の一つと算《かぞ》えられるのである。

姉妹型一夫多妻制は、姉妹がいわば一体をなして一人の男性に嫁ぐものであり、姉妹が二人あればその二人が、また三人おれば三人が、同じ男性と結婚することになる。そしてその場合、男性は姉妹のうちの長姉をまず娶ることが大前提となっており、妹たちとの婚姻は長姉との婚姻のいわば派生的効果たる性格をもっているのである。

たとえば「記紀」によれば垂仁《すいにん》天皇が娶った妃のうちには、二組の姉妹が含まれている。丹《たに》波道主 王《わのちぬしのおおきみ》の娘たちと山背大国《やましろおおくに》の不遅《ふち》の娘たちがそうである。この前者に関して垂仁紀十五年の条が記述するところはこうである。

春二月……、丹波《たには》の五《いつとり》の女《をみな》を喚《め》して、掖庭《うちつみや》に納《めしい》る。第一《あね》を日葉酢媛《ひばすひめ》と曰《い》ふ。第二《つぎ》を渟葉《ぬは》田瓊《たに》入媛《いりびめ》と曰ふ。第三《つぎ》を真砥野媛《まとのひめ》と曰ふ。第四《つぎ》を薊《あざみ》瓊《に》入媛《いりびめ》と曰ふ。第五《つぎ》を竹野媛《たかのひめ》と曰ふ。

秋八月……、日葉酢媛命を立てて皇后《きさき》としたまふ。皇后の弟《いろど》の三《みたり》の女を以て妃《みめ》としたまふ。唯《ただ》し竹野媛のみは、形姿《かたち》醜《みにく》きに因《よ》りて、本土《もとのくに》に返《かへ》しつかはす。則《すなは》ち其《そ》の返《かへ》しつかはさるることを羞《は》ぢて、葛野《かつの》にして、自《みづか》ら輿《こし》より堕《お》ちて死《みまか》りぬ。

すなわち五人の姉妹は、一旦はすべて「掖庭」（後宮）に納入《めしい》れられたものの、長姉が皇后に立てられ次姉以下の三人が妃とされる段で、醜い末の妹のみは郷里に帰されたのである。末娘がその帰途に自害したのは、単なる恥辱感からだけでなく、姉妹が一体として嫁ぐべき掟が侵されたことへの抗議がこめられていたとも解されよう。

このことは、皇孫瓊瓊杵 尊《ににぎのみこと》の木花開耶姫《このはなさくやびめ》への求婚説話にも表われている。尊が「汝《いまし》は是《これ》誰《た》が子《むすめ》ぞ」と尋ねたのにたいして姫は大山祇神《おおやまつみのかみ》の娘で木花開耶姫であると、答えたすぐあと、わざわざ「亦吾《やつこ》が姉磐長姫《いろねいはながひめ》在《はべ》り」と付け加えるのであり、そして尊が父の大山祇神に求婚の意を伝えると、大山祇神は「二《ふたり》の女《むすめ》をして百机飲食《ももとりのつくゑもの》を持《も》たして奉進《たてまつ》る」のである。「百机飲食」とは机上におかれた多くの品物や飲食物で、婿の求婚を妻家が受けいれたとき、妻家の家長が婿に与える贈物――「礼代《ゐやしろ》」ともいう――を指しているが、それを二人の娘に持たせたのである。しかし、尊は姉の器量がよくないので、妹の木花開耶姫だけを「引《め》して幸《みとあたは》しつ」、つまり男女の交わりをなさった。そこで姉の磐長姫は「大きに慙《は》ぢて」呪詛の言葉を吐くのである。これが『日本書紀』の叙述であるが、『古事記』では求婚に応じた大山祇神（大山津見神）は、「其姉石長比売を副《そ》へ、百取《ももとり》の机代《つくゑしろ》の物を持たしめて奉り出しき」となっており、そして尊が妹だけをめして姉を送り返したのにたいして、大山祇神が「大《いた》く恥ぢ」て、「我が女《むすめ》二《ふ》たり並べて立奉《たてまつ》りし由《ゆゑ》」を怨みがましく言いたてるのである。

このように「記紀」に若干の相違があるにせよ、姉妹のうちの一方、とりわけ妹のみを妻とすることは、たとえ相手の男性が天孫という権威的な存在であっても、許さるべきでないとする観念が、明瞭に見出されるのである。このことは、旧約聖書のなかのヤコブの婚姻――彼はラバンの娘であるレアとラケルの姉妹を娶った――にも描かれているように、姉妹型一夫多妻制の一般的原則と考えられるのである。ヤコブが美貌の次女ラケルを得んと求婚したのにたいして、ラバンはさも承諾したかのごとく振舞い、人々を集めて饗宴を開いたあと、夜に長女レアを彼のもとに遣わし、それと知らぬヤコブがレアと一夜を共にし、朝になって相手がレアであったことがわかり、〝なぜ欺いたのか〟とラバンに抗議したところ、ラバンの答はこうであった。「姉より先に妹を嫁がしむる事は我国にて為《なさ》ざるところなり」（創世記・二九章二六節）。

姉妹の間の嫉妬

さて、姉妹たちが一体となって一人の男性のもとにとつぐのが姉妹型一夫多妻制の建前であったとしても、姉妹の間に嫉妬心がおきることも避け得ないことであった。允恭《いんぎょう》天皇の皇后忍坂大中姫《おしさかのおおなかつひめ》とその弟姫（妹）の衣通郎姫《そとおしのいらつめ》との関係がそうであった。郎女が天皇に喚《め》されたのは、姉の立后《りつこう》と同時ではなく、『日本書紀』によれば、それから五年後の允恭七年十二月の〝新室《にひむろ》の宴《うたげ》〟（家屋新築の祝宴）の際であった。天皇が自ら琴を弾き、〝皇后が儛ふ者《まひと》〟の役をつとめた。ところで、「当時《とき》の風俗《ひと》、宴会《うたげ》たまふに、儛ふ者《ひと》、儛ひ終りて、則ち自ら座長《くらかみ》〔上席の人〕に対《むか》ひて曰《まう》さく、『娘子　奉る《をみなたてまつ》』とまうす」という習俗があった。そこで天皇はこの習わしにもとづいて皇后にたいし「娘子奉る」ことを請求し、やむなく皇后は弟姫（衣通郎姫）を奉ることを約したのである。

しかし、郎姫は姉たる皇后の〝嫉《ねた》みたまはむ〟ことを畏れて近江の国から上ろうとしない。ようやく京に上るも、宮中《みやのうち》に近づかず、別に殿屋を藤原に建てて住む。それでもなお姉の皇后の恨みをおそれ、郎姫は「冀《ねが》はくは王居《おほみや》を離れて、遠く居《はべ》らむと欲《おも》ふ。若《も》し皇后の嫉《ねた》みたまふ

意《みこころ》少《すこ》しく息《や》まむか」と奏上して、その居所を河内の茅渟《ちぬ》に移す。その茅渟の宮に天皇が訪れたとき、郎姫は、

とこしへに　君も会《あ》へやも　いさなとり　海《うみ》の浜藻《はまも》の　寄《よ》る時時《ときとき》を

と歌った。〝常にかわらずに貴方にお逢いできればよいものを、ちょうど浜辺の海藻が漂うように時たまお寄り頂けるだけです〟という意味であろう。その歌をきかれた天皇は、「是《こ》の歌、他人《あたしひと》にな聆《き》かせそ。皇后、聞きたまはば必ず大きに恨みたまはむ」とのべたという。このことをきいた人々は、浜藻をなづけて（〝人に告げるな〟の意で）「奈能利曾毛《なのりそも》」と言ったという。

このように妹たる郎姫にたいしてさえ、皇后の「うはなりねたみ」（次妻・後妻への嫉妬）が激しく、郎姫は宮中には居れず、天皇と別居して、天皇の訪問（〝つまどひ〟）を受けねばならなかった。次の有名な歌も、衣通郎姫が藤原の宮にて天皇を慕ってうたったものである。

我が夫子《せこ》が来《く》べき夕《よひ》なりささがねの
蜘蛛《くも》の行《おこな》ひ是夕《こよひ》著《しる》しも

つまり蜘蛛がせっせと巣を張る動きは親しい人の訪問を告げる徴《しるし》であるから、今宵は夫が訪れてくるだろう、と詠んだのである。

万葉の女流歌人

「記紀」のほかにも、『万葉集』でも、姉妹型一夫多妻制に関する歌が見出される。それは天智《てんじ》天皇から寵愛され、のちに藤原鎌足の正室となった鏡王《かがみのおお》

女《きみ》と、その妹とみなされる額田王《ぬかたのおおきみ》との関係である。この二人の女性が真に姉妹であるかどうかははっきりわからないとされているが、ここでは二人を一応、姉妹とみて、天皇の寵愛をめぐって掛け合った歌を『万葉集』からあげておく。

額田王の近江《あふみの》天皇〔天智天皇〕を思《しの》ひて作る歌一首

君待つとわが恋ひをればわが屋戸《やど》の簾《すだれ》動かし秋の風吹く　〔四―四八八、八―一六〇六〕

鏡王女の作る歌一首

風をだに恋ふるは羨《とも》し風をだに来むとし待たば何か嘆かむ　〔四―四八九、八―一六〇七〕

額田王が〝天智天皇の妻訪《つまど》いを恋しく待っていると、秋風が吹いて簾を揺れ動かした〟とうたえば、鏡王女は、〝風だけでも吹いて来れば嘆くことはない。私のもとには風だに吹いてこないので羨ましいことよ〟と応じたのである。二人とも、宮中に召《め》し入れられず、別の殿舎で天皇の訪問を待つ身であったことが窺えるが、二人の歌からは、允恭天皇をめぐる皇后忍坂大中姫と衣通郎姫の間のような激しい緊張関係は伝わってこない。

さて、古代の天皇家をめぐって展開したこのような姉妹型一夫多妻制の婚姻習俗は、文化史的にはどのように位置づけたらよいのであろうか。私は、最初に述べたように、この習俗も北方系の文化に属するものと想定している。以下、北方諸民族のもとでのこの種の習俗を考察することにしよう。

北方諸民族の姉妹型一夫多妻制

ジンギスカン、二人の姉妹を娶る

満族や蒙古族などの中国北方の諸民族の間には、姉妹型一夫多妻制が古くから行われていた。人類学者ブリフォールト（R. Briffault）は、蒙古族に関して、ジンギスカンが二人の姉妹を娶ったことや、彼の麾下《きか》たる汗《ハン》たちにもこの種の婚姻が許容されていたと書いている（*The Mothers*, London, 1927, vol.I）。

また、満族の先祖たる女真族に関する史料にも、この形態の婚姻が記述されている。すなわち『遼東志』巻九は明代の女真族について、「婚姻にありては、若《も》し其《そ》の姉を娶らば、則《すなわ》ち姉以下皆随いて妾と為る」と書いているのである。ここで妹たちが〝妾と為る〟と書かれているのは、妻は一人たるべきだとする漢文化の影響によるものと推察され、人類学的にみれば妹たちは〝次妻〟になったと考えられる。

満蒙両族間の姉妹型一夫多妻制

そして満族と蒙古族における姉妹型一夫多妻制は、明代末から清代初めにかけて隆盛をきわめたのであり、烏丙安はこの点について以下のように論じる（「中国東北諸民族の家族慣習にみる氏族的特徴　補論三題」）。

明末清初の時代には、姉妹型一夫多妻の婚姻習俗は満族と蒙古族との通婚の潮流となった。満族が北京に入城する前後に、この婚姻習俗が皇室に採用された。少なくとも両朝の帝王は、この婚姻習俗を堅持し広めさせたのである。『清史稿』の「太宗紀」と「后妃伝」の条の記載によると、清の太宗皇太極《ホンタイジ》（ヌルハチの八番目の王子）は二十三歳のとき、すなわち一六一四年の四月に、蒙古の博尔済吉特《ボルジジト》氏族カルチン部のベイル（王）奔古思《マングス》の娘と結婚した。この娘がすなわち孝端文皇后である。続いて一六二五年二月にホンタイジは皇后のメイと結婚した。この娘は蒙古のボルジジト氏族カルチン部のベイル（王）塞桑《サイサン》の娘で、太宗の第二皇后に収まった孝荘文皇后である。一六三四年にはホンタイジはさらに孝荘文皇后の姉とも結婚し、太宗の三番目の妻にし、封して元妃の称号を与えた。一六三六年には改封して宸妃となし、太宗のもっとも寵愛する妃となった。同時に、太宗は蒙古のボルジジト氏族阿壩垓《アパヘイ》部の二人の娘と相前後して結婚し、それぞれ一六三六年に封して貴妃と淑妃とした。この二人は孝荘文皇后、宸妃とも同じ氏族の姉妹であった。

以上、清の太宗はオバとメイ、姉妹、それに同族の姉妹の二人ずつを后妃とした、すなわち相前後して同じ一族の五人の娘が同時にホンタイジ一人の妻となったのであり、満蒙両民族の貴族が姻戚関係になったという往古の姉妹型一夫多妻婚の典型的な例である。

そして烏は、世祖順治帝福臨も太宗を見倣って蒙古の同じ氏族の姉妹五人を娶った史実を明らかにした上で、こう述べた。

このように、十七世紀前半の四十年にわたって、満蒙両民族の間では、蒙古族の多数の姉妹が満族の一人の夫を共有するという貴族の縁組が進められたのであり、このことは当時の臣民にきわめて大きな影響を及ぼしたのである。満族と蒙古族の多くの上層の家譜には、こうした姉妹型一夫多妻の婚姻形式がしばしば記載されている。清王朝の歴代の北方民族的な伝統的婚姻習俗が、こうしておおよそ定まったのである。

高麗朝の姉妹型一夫多妻制

この姉妹型一夫多妻制は、はからずも韓国の高麗朝のもとでも行われていた。「高麗には」——と、崔弘基が述べられている、「太祖から十七代仁宗に至るまで七王が姉妹を妃としており、その中には二対の姉妹を妃とした王もおります。それで事例としては合計一〇になるわけです」(「江守報告《日本の家族慣習における北方系文化要素》にたいするコメント」未公表)。たしかに『高麗史』世系を瞥見するだに、その巻第十五の仁宗二年八月の条に、「戊午、李資謙、其の第三女を王に納れ、庚申、百官、納妃を賀す」とあり、そして三年正月の条には、「庚寅、李資謙また第四女を王に納れ、壬辰、百官、納妃を賀す」——とある。

このように日韓満蒙の四民族の王朝において、ひとしく姉妹型一夫多妻制が行われていたのである。日本では早い時代に終焉をみたが、他の三民族ではかなり後の時代まで保持されていたのである。

民謡のなかの姉妹型一夫多妻制

このように王族階層に顕著な形で行われていたが、民間の習俗でなかったわけではない。女真族に関する記録も王族に限定したものと断っていないし、近時まで歌われてきた民謡のなかにも、姉妹型一夫多妻制が見出されるのである。新疆のウイグル（維吾爾）族の民謡「馬車夫之歌」（馬車の御者の歌）がそうである。韓敏の訳によれば、こうである。

　大板城は石が堅くて平らかで、
　　西瓜が大きく、かつ旨い。
　ここにはカンバルハンという娘が居る、
　　その二つの瞳は清らかで美しい。

　嫁に行くなら他人の嫁にはならないで、
　　きっと俺の嫁になってくれ。
　お前の妹を連れ、嫁入道具をもって、
　　馬車に乗ってやって来い。

最後の傍点部分「お前の妹を連れ」（原文「帯着你的妹々」）が、姉妹が共に一夫に嫁すことを表わしているのである。念のため、烏丙安に質《ただ》したところ、たしかにそのような意味だという。

このように中国北方の諸民族には近時まで姉妹型一夫多妻制が伝承されてきたのであり、韓国の高麗朝のそれも、日本古代の天皇家のもとでのそれも、このような北方系統の文化に連なるものと仮定されうるのである。

《嫂直し》と《後母を娶る婚姻》

レヴィレート婚としての《嫂直し》

《嫂直し》　既婚の男子が亡くなり、その寡婦が亡夫の弟と改嫁する婚姻を、人類学では《レヴィレート婚》(levirate marriage) という。ちなみに「レヴィル」(levir) とはラテン語で〝夫の兄弟〟を指している。この婚姻形態はわが国でも「弟に直《なお》る」とか「嫂《あによめ》直《なお》し」とかよばれて広く行われてきた。学界ではこれを一般的に「逆縁婚」と称してきた。

法学者の青山道夫が、第二次大戦中（昭和十六年以降）の戦没者の寡婦の再婚状況を、九州各県の一九七市町村を対象として、大戦直後に調査したところ、戸籍面で戦没者の寡婦の再婚が行われたのは七一市町村（残余の一二六市町村からは再婚者無しとの回答が寄せられた）であり、その

表2　第二次大戦下の戦争未亡人の改嫁情況（九州地区）

		福岡県	佐賀県	鹿児島県	熊本県	大分県	宮崎県	長崎県	合計(件)	百分率(%)
普通婚姻		12	2	5	4	8	0	2	33	35.9
戸内婚姻		17	5	5	20	10	1	1	59	64.1
戸内婚姻の内訳	(イ)亡夫の兄との婚姻	1	0	1	1	0	0	0	3	3.3
	(ロ)亡夫の弟との婚姻	15	5	4	17	9	1	1	52	56.5
	(ハ)戸内にある戸主の養子との婚姻	0	0	0	1	0	0	0	1	1.1
	(ニ)婿養子縁組	1	0	0	1	1	0	0	3	3.3
合計		29	7	10	24	18	1	3	92	100.0

（青山道夫作成）

総数は九二件を算《かぞ》えた。この九二件を、青山が「婚家から他家へ入籍する婚姻（普通婚姻）と戸内婚姻とに分け」、県別に統計したのが、表2である（「逆縁婚について」、青山『日本家族制度の研究』巌松堂書店）。

そしてこの統計表から青山は、「再婚件数九二のうち普通婚姻三三、戸内婚姻五九であり、戸内婚姻では亡夫の兄弟と結婚する所謂逆縁婚（levirate marriage）が亡夫の兄との場合三、亡夫の弟との場合五二、合計五五あり、この逆縁婚が再婚の約六割（五割九分八厘）を占めていることは寡婦の再婚の問題において最も注目すべきものと思う」と論評したのである。

もっとも、右の戦争未亡人の場合、青山も断っているように、遺族扶助料や下賜金が、恩給法上、亡夫（戦死者）の父母に優先して寡婦に支給されたため、亡夫の家では経済的理由から寡婦を自家に留めようとしたのであり、このことが、レヴィレート婚の比率を高めたとも考えられよう。

いずれにせよ、このレヴィレート婚は、わが国では東北地方から九州まで広範囲にわたって行われてきたのである。寡婦が他家に再縁を求めるのを拒み、その義弟と改嫁することが好ましいものと考えられ、それが寡婦に要求されもしたのである。人類学的にみると、レヴィレート婚は、それ故、「優先的婚姻」の最も典型的なものである。特定の間柄に立つ男女（この場合、寡婦と亡夫の弟）が結ばれるのを社会的に好ましいものとして推奨される婚姻なのである。

大多数が姉女房婚

それ故、通常では考えられないような年齢差の姉女房が、このレヴィレート婚から派生することともなる。中山太郎があげた事例のうちには、寡婦が一二も年下の義弟と再婚するという青森県上北郡三津村の実例や、亡夫の弟がまだ「小学校へ通学しているほどの幼少であるにもかかわらず、それと夫婦となるべく弟の成人を待っていた」福島県相馬郡福浦村（小高町）の実例が含まれている（『日本婚姻史』）。

この点でさらにあげれば、福島県T郡（郡名秘匿）の五ヵ町村で実施された田中実の調査によると、昭和三十一〜二年に同地方で三六件のレヴィレート婚が検出され、そのうち約七割八分の二八件が姉女房であった。すなわち三六件の婚姻における夫婦の年齢差は、表3のとおりである（田中「逆縁婚の一断面」『法学研究』三〇巻一〇号）。

表3　逆縁婚における夫妻の年齢（福島県T郡）

	年齢差	件　数
夫が年長	12	1
	4	1
	3	2
	2	3
	1	1
	0	0
妻が年長	1	3
	2	0
	3	6
	4	2
	5	3
	6	5
	7	1
	8	2
	9	1
	10	2
	11	2
	12	0
	13	1
計		36

（田中実作製）

この表3より平均年齢差を求めると、妻が平均約三・七歳年長であることが知られる。そして妻が五歳以上年長の場合が約半数の一七件もあり、また妻が十歳以上も年長な場合が五件を数えることは注目に価する。

さて、このようなレヴィレート婚は、日本では古代の史料からまだ見出されていないが、近時まで各地で広く行われていたことから推定して、それはかなり古い時代まで遡るものと考えられよう。

北方民族のレヴィレート婚

このレヴィレート婚は、近隣では主として北方の諸民族から多数報告されている。『中国少数民族の婚姻と家族』（上巻）によってみてみると、まずホジェン族では、曹廷傑の『西伯利東偏紀要』に「夫が亡くなると、妻は白布を纏い、襤褸を着て埋葬を見届ける。葬儀がすむと、弟は嫂を妻とし、兄は弟媳《おとうとよめ》を妻とす」と書かれていたが、このレヴィレート婚（転房）はつい最近まで行われていた。ただ「弟が嫂を娶るのは、両者の年齢が余り開いていない場合に限られる。それは『年嵩《としかさ》の嫂は母の如し』（〝老嫂如母〟）という観念がホジェン族にあるからである」。

エヴェンキ族では、父が亡くなると、子は父方叔父の薫陶を受ける。「その叔父は母を妻にする」からだ。ただ、子は彼をこれまで通りオジと呼ぶ。そしてこの婚姻によって子が生まれれば、前夫の子と兄弟姉妹の関係になるという。

さらにオロチョン族やモンゴル族の間でもこのレヴィレート婚の民俗が近時まで伝承されていた。そしてこの婚俗が古代にまで遡ることを、史書は示している。たとえば『後漢書』巻八十五・東夷伝は、夫余《ふよ》族に関して、「兄死すれば嫂を妻とする」という習俗を記述している。遼代の女真族でも、後述するように「兄死すれば則ち其の嫂を妻とする」習俗があったが、降って明代の女真族のもとでもそれが受けつがれていて、『李朝実録』巻百五十九が、「兄の妻が若し貌《かたち》美わしく財多からば則ち之を娶る」と記述している。

韓国に関しても、『梁書』巻五十四・列伝は高句麗《こうくり》の条で、「兄死すれば嫂を妻とす」と記述されており、実際、第九代の王たる故国川王《コククネワン》の王后の于《ウ》氏の改嫁がそれに当ると思われる。『三国史記』巻十六・高句麗本紀は、故国川王が薨じ、無後であったため、王弟の山上王《サンサンワン》が王位を継ぎ、于氏がその新王の后となったことを記述している。社会学者の崔弘基は、これらの事実を考え合わせて、「レヴィレート婚は高句麗では選好される婚姻形態の一つであった」と推定している。

《後母を娶る婚姻》

後母を娶る

ところで、このレヴィレート婚は、子が後母を娶る婚姻や、甥が伯叔父の寡婦を娶る習俗とも結びついていたのである。遼代の女真族について、『大金国志』（婚姻）は、

> 父死すれば其の母（後母を指す）を妻とし、兄死すれば則ち其の嫂を妻とし、叔伯死すれば則ち侄（甥）亦かくの如し。

と書いており、また明代の女真族について『李朝実録』巻八十四は「父死すれば其の妾を娶り、兄亡くならば其の妻を娶る」と記述している。そして『女真史』の著者たち（孫進己等四氏）は、「哈達の王台の死後、其の妾温姐と其の義子康古魯が結合するがごときは、まさに『父死娶其

妾』の一例である」と論じている。

右の遼代女真族に関する『大金国志』の説明を図式化したのが、図11である。すなわち甲が亡くなると、その寡婦は、義子の乙の妻とされるか、あるいは亡夫甲の弟丙に娶られるか、さもなければ甲の甥丁の妻となるか——の三通りの改嫁の方式があったというのである。

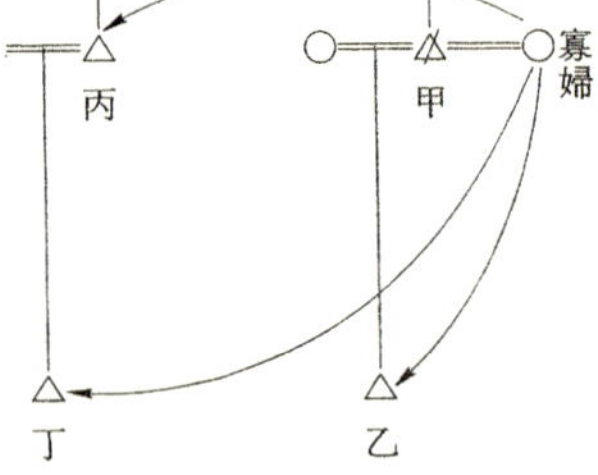

図11　収継婚の諸形態

△＝男，○＝女

ちなみに、この後母を娶る婚姻は、『中国民俗辞典』（湖北辞書出版社）によれば、古くは漢族にも行われていて、「春秋戦国時代には諸侯統治階級の内部で残滓をとどめており」、「『詩経』鄘風《ようふう》の牆有茨《しょうゆうし》には、衛の宣公《せんこう》の死後、公の子頑が後母を娶って妻と為したことが記載されている」という。たしかに、解釈書の『詩序』に「牆有茨は、衛人其の上を刺《そし》るなり。公子頑、君の母に通ず」とあり、『集伝』も「旧説に以為《おもえ》らく、宣公卒し、恵公幼し。其の庶子頑、宣姜《せんきょう》に烝《じょう》す。故に詩人此の詩を作りて以て之を刺る」とある。今日、この解釈に疑問が投げられている（石川忠久『詩経』上、明治書院）が、史実そのものは否定されていない。

だが、この辞典は同時に、古代の北方遊牧民たる匈奴《きょうど》、烏孫《うそん》、柔然《じゅうぜん》、突厥《とっけつ》などの民族のもとでもこの習俗が行われていたと述べている。たとえば匈奴について、『史記』巻百十・匈奴列

後母を娶る婚姻の事例

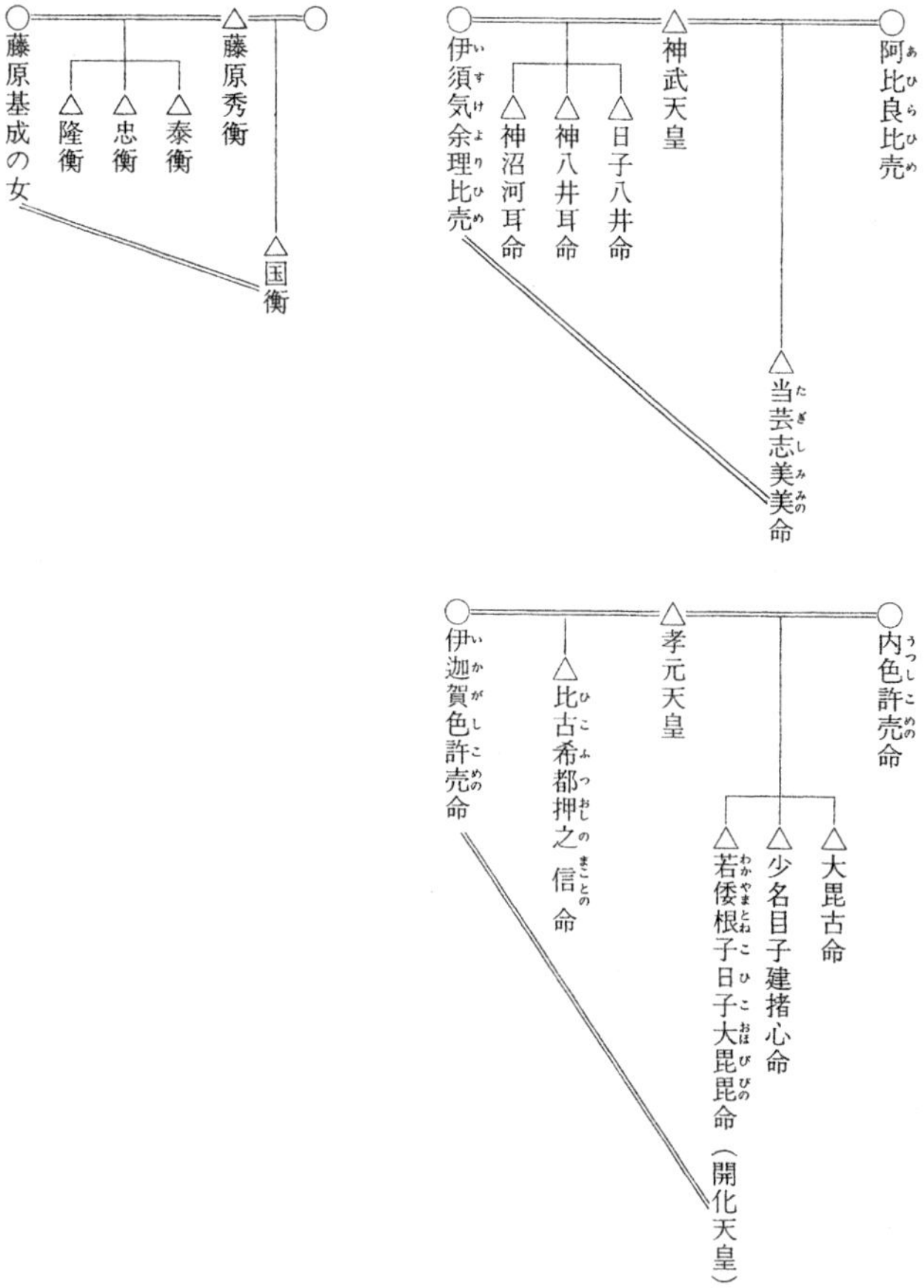
阿比良比売《あひらひめ》
神武天皇
伊須気余理比売《いすけよりひめ》
日子八井命
神八井耳命
神沼河耳命
当芸志美美命《たぎしみみの》
内色許売命《うつしこめの》
孝元天皇
伊迦賀色許売命《いかがしこめの》
比古布都押之信命《ひこふつおしのまことの》
大毘古命
少名日子建猪心命
若倭根子日子大毘毘命《わかやまとねこひこおほびびの》（開化天皇）
藤原秀衡
藤原基成の女
泰衡
忠衡
隆衡
国衡

伝には、「父死すれば其の後母を妻とし、兄弟死すれば皆その妻を取りて之を妻とす」とある。また烏恒《うがん》（烏丸）に関して『三国志』巻三十・烏恒鮮卑東夷伝の註で、「父兄死すれば後母を妻とし嫂を執る。もし嫂を執る者無くば則ち己が子以て之に親しむ」と記述されている。

日本古代の《後母を娶る婚姻》

このような後母を娶る婚姻は、日本古代の天皇族のもとでも行われていた。神武天皇の嫡子当芸志美美命《たぎしみみのみこと》と庶母伊須気余理比売《いすけよりひめ》の婚姻、孝元天皇の嫡子たる開化天皇と庶母伊迦賀色許売命《いかがしこめのみこと》との婚姻、聖徳太子の生母間人穴《はしひとのあな》太部王《ほべのおおきみ》と庶子多米王《ためのみこ》との婚姻が、しかりである。なお、伯叔父の寡婦と甥との婚姻としては、目下のところ、安康天皇と、その父允恭天皇の異母兄弟たる大日下王《おおくさかのみこ》の寡婦長田大郎女《ながたのおおいらつめ》との婚姻があげられる。

奥州藤原氏のもとでも、藤原秀衡《ふじわらのひでひら》の嫡男国衡《くにひら》が後母を娶ったと、九条兼実《くじょうかねざね》の日記『玉葉』に記述されている。その巻五十三・文治四年（一一八八）正月九日の条に、

或人の云うに、去年の九、十月の頃、義顕（源義経、文治二年に義顕と改名）奥州に在り、秀衡これを隠し置く。即ち十月廿九日秀衡死去の刻、兄弟（原註兄は他腹之嫡男なり、弟は当腹の太郎なり、云々）の和融のため、他腹の嫡男を以て当時の妻を娶らしむ、云々。

とある。もしこの記録が事実ならば、奥州では北方遊牧民の文化的影響が強かったため、鎌倉時代の初期までこの習俗が保持されたとも考えられよう。新野直吉によれば、藤原一族の建立せる

中尊寺の経蔵文書の中に「粛慎悒婁《しゅくしんゆうろう》の海蛮《かいばん》」なる文言が見出されたのであり、中国東北地区の諸民族の文化的影響が十二世紀前半の奥州藤原氏に及んでいたと推定されるのである（新野「北部日本海文化と対岸」『日本海文化を考える富山シンポジウム』）。

父系嫁入婚文化と収継婚

以上、レヴィレート婚や後母を娶る婚姻について検討したが、それらは、妻が夫家に嫁ぐ嫁入婚（夫方居住婚）を前提としたものである。そして、兄と弟が、父と子が、伯叔父と甥が、つまり父系の血族が同じ共同体を形成していて、その共同体成員が、他の共同体から婚入し寡婦となった女性を〝接続〟ないし〝収継〟することがこの種の婚姻の本質なのである。『金史』巻六十四・列伝（后妃下）の貞懿《ていい》皇后の条で、「旧俗にあっては、婦女寡居すれば、宗族之に接続す」とあるのも、このことを指し示すものであろう（――もっとも、この皇后は夫の睿宗《えいそう》が薨じた後、宗族に〝接続〟されるのを拒み、「祝髪」（剃髪）して比丘尼《びくに》となった）。中国の民俗学者がこの種の婚姻を「収継婚」とか「接続婚」と総称するのも故あることである。

日本古代における〝後母を娶る婚姻〟も、中国北方諸民族の習俗と文化史的に連なるものと私は想定している。またレヴィレート婚は、前述したように、日本古代の史料から見出されていないものの、その広汎な民俗分布の状況から古い時代に遡ると推定されうるならば、高句麗に行われていたレヴィレート婚と関連すると仮定することも許されるのではないだろうか。つまり古代北方の「収継婚」が日本に影響をおよぼしていたという仮説を、目下のところ提示しておきたい。

いずれにせよ、この際再確認しておきたいことだが、《後母を娶る婚姻》であれ《嫂直し》のようなレヴィレート婚であれ、このような「収継婚」が行われているということは、他の共同体から娶った妻が寡婦となったときに亡夫の共同体成員が彼女を接続・収継することにほかならず、そこには嫁入婚文化をともなった父系血縁共同体が成立していたのである。日本古代の社会組織も、この視点から検討される必要があろう。

《年期婿》の民俗と東北アジア

《年期婿》の労役婚的性格

労役婚としての年期婿

《年期婿》とは、結婚当初、婿が三年とか五年とか一定の年限を定めて妻家に住込みで働き、その年限を勤めあげてはじめて妻を自家に引取ることができる婚姻習俗をいう。「三年婿」「五年婿」などとその年限を表わす言葉でよばれたり、その年限の後に自家に帰ることを表わして「還《かえ》り婿」と称されることもあった。青森県の大部分と、岩手県北部、秋田県のほぼ全域、さらに山形県温海《あつみ》町方面などに分布していた。

この民俗が人類学上、注目に価するのは、第一に、その「労役婚」的性格に関してである。《労役婚》(marriage by service) とは、夫が妻を得るに際して一定期間、妻家に居住して労働を提供しなければならない婚姻を言う。

日本婚姻史研究の第一人者たる大間知篤三は、一九三五年に岩手県九戸《くのへ》郡山形村を調査し、その村の「一般の家々では、娘を呉れてやるかわりに、婿を自分のために働かせるのだとはっきり言っていた」と報告されている。そして大間知は、それが「日本において労働婚（労役婚）と呼べば呼びうるものであろう」と、控え目な形で労役婚説を提示している（大間知「婚姻」）。ところで、この労役婚は、北方の諸民族で行われていたのである。

北方諸民族の労役婚

すなわち、コリヤーク、チュクチ、ユカギール等の古シベリア語族において労役婚の習俗が報告されてきたし（Briffault, *op. cit.*, vol. II）、また、中国北方のアルタイ系語族の間にもこの習俗が見出された。たとえばオロチョン族では、婚礼後、花婿は「一定期間、岳父の家に泊まる。この間に花婿は岳父と一緒に狩りにでかけるが、獲物はすべて岳父の家のものとなる」。そしてそのままずっと岳父の家で暮し、「子が誕生してから、ようやく男方の家に帰るような事例もある」（『中国少数民族の婚姻と家族』上巻）。

中国北方に関しては、歴史書もまた労役婚的習俗を記述している。たとえば『後漢書』烏恒鮮卑列伝巻八十では、烏恒族についてこう書かれている。

婿、妻に随って〔妻の〕家に至る……妻家の為に僕役すること一、二年間、妻家乃《すなわ》ち厚遺《こうい》〔手厚く贈物を〕して女を送る。居処財物はすべて皆分け与う。

また『旧唐書』巻百九十九下・列伝一四九は、室韋《しつい》族についてこう記述している。

婚嫁の法、男が先ず女舎に就《つ》き、三年役力す。因って其の婦を親迎するを得。役日已に満れば、女家は其の財物を分ち、夫婦は同じ車に載りて鼓舞して共に帰る。

また金代の女真族でも、『松漠紀聞』によれば、「既に婚姻が成立すれば、婦の氏に留まりて僕隷の役を執る……三年、然る後、婦とともに帰る」と書かれているという〈孫ほか『女真史』〉。

このように「妻家の為に僕役すること一、二年間」とか「三年役力す」とか「僕隷の役を執る、三年」とかの字句は、まさに労役婚を表わすものと言える。

ちなみにアイヌに関しては、十分な資料が得られないが、金田一京助は、「昔は聟が半年も舅の家に居て、鹿を取ったり熊を取ったり労働を手伝って、それから花嫁を連れて家へ戻るのもあったが、話に聞くだけで今の世になってからはあまりない」と述べている（『金田一京助全集』第十二巻)。「話に聞くだけ」だとしても、「労役婚」に当る習俗が少なくともアイヌの一部に行われていたと推定されよう。

以上にみたように、アイヌを含めて北方諸民族の間に「労役婚」の習俗が行われていたとすれば、「年期婿」の民俗が伝承されてきた日本の東北地方がこれら北方諸民族に囲繞《いにょう》された地域である故、この民俗を北方系の労役婚文化の一環として位置づけることは十分可能であろう。大間知が、右に紹介したように、「年期婿」の民俗について「労働婚〈労役婚〉と呼べば呼びうるも

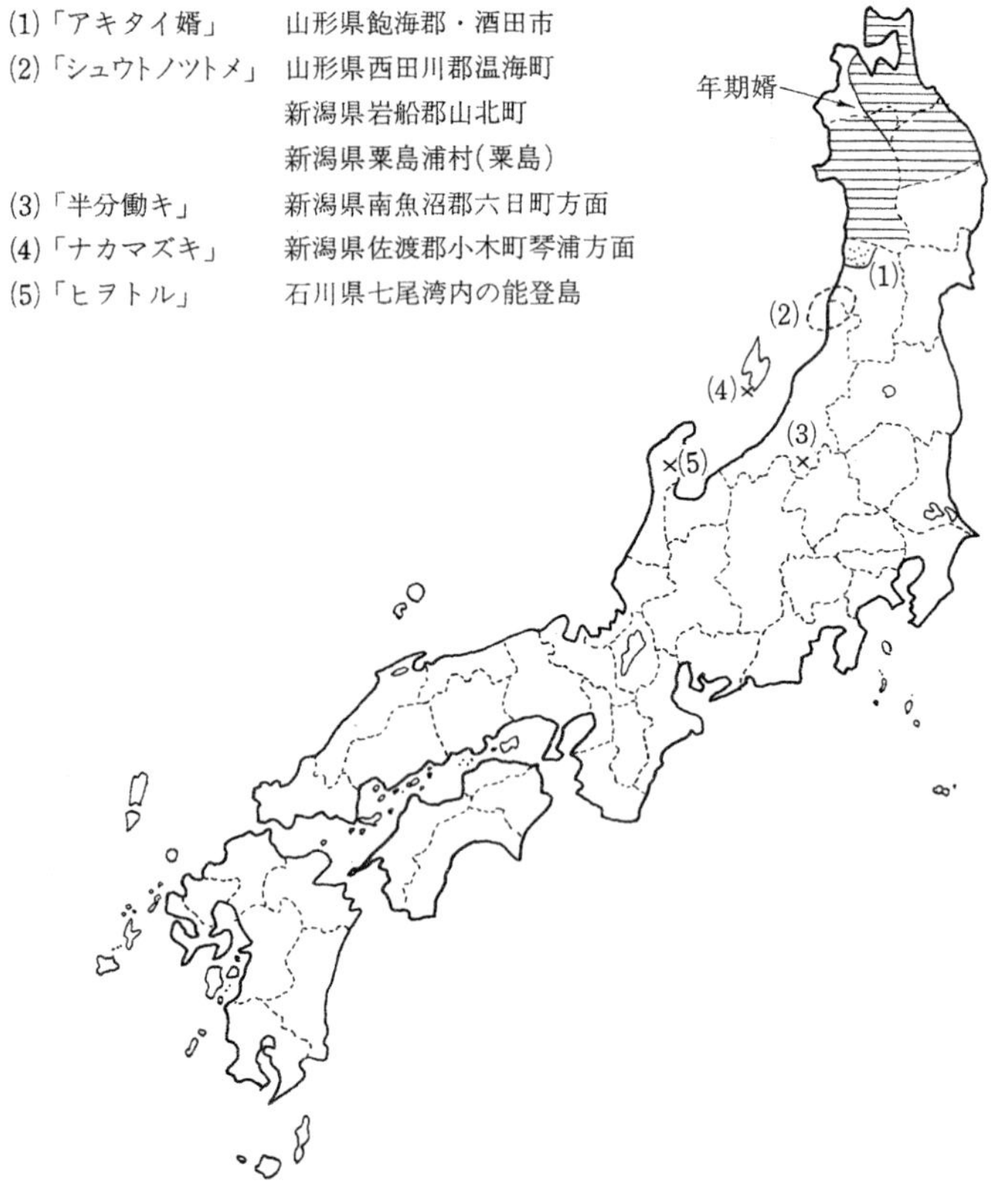

図12　労役婚（年期婿）とその派生形態

の」という慎重な言い廻しで表現されたのは、「〔労役婚が〕アジアの異民族の間ではところどころ行われてきたのであるが、日本人の間では東北地方を除いてはまだ私は知らない」からであったが、日本の他の地域に見当らず東北地方のみに分布する民俗であるからこそ、東北地方をとりまく隣接諸民族の労役婚との関連性が指摘されねばならないのである。

実家への労役奉仕

このような労役婚的性格をおびた「年期婿」の民俗との関連でこの際論及しておかねばならないことは、婚姻後の嫁が生家に労力を提供するという特異な習俗が山形県南部から石川県能登地方にいたる日本海域に分布していることである。

まず、羽越国境地帯に、民俗学者佐藤光民の報告で有名な「シュウトノツトメ」という習俗が行われていた。すなわち山形県西田川郡温海《あつみ》町では、祝儀の後、三ヵ年は冬の間、嫁は毎日、婿同伴で生家に帰って働くという。また新潟県南魚沼郡六日町《むいかまち》では嫁が半年ずつ婚家と生家で働く「半分働キ」という習俗があったし、佐渡の小木《おぎ》町琴浦では、男家に女手が必要なとき、「アシフミ」という仮祝儀で嫁を男家に連れてくるが、嫁は一ヵ月の半分ずつ、あるいは一年の半分ずつ、生家と婚家を行き来するという「ナカマズキ」ないし「半年ヅカイ」という習俗が行われていた（坪井洋文「日本海沿岸諸村における婚姻儀礼の類型性」『家族史研究』第七集）。

また石川県の能登島では、嫁入り後の一定期間——古くは最初の子が生まれるまで——嫁は一日ごと、二日ごと、あるいは一ヵ月に何日とか、一年に何ヵ月とか、生家に帰る習わしがあり、これは「ヒヲトル」と称せられている。平山敏次郎は、これは嫁が生家に「帰って休む」ためのもので、「労働を目的に行くものではない」と述べている（「ヒヲトル嫁」『加能民俗』四号）が、地元の民俗学者四柳嘉孝が鳳至《ふげし》郡大屋村や三井村（いずれも現、輪島市）で調べたところによると、同じ習俗が「テツダイニユク」と称せられ、「実家への労力奉仕」が目的とされたものだといわれている（「鳳至郡大屋村民俗資料（二）」『加能民俗』一一号）。

右に見てきた山形県南部から石川県能登地方にいたる日本海域における〝生家への嫁の労力奉仕〟は嫁が生家へ帰って働くもので、婿の労働力を嫁方に帰属させるものではないので、年期婿のように労役婚的な習俗とは言えないかもしれない。しかし、これらの習俗では、たとえ嫁にやっても娘を一切呉れてやったわけではない、娘をやった代わりに一定期間生家のために働かせるという、一種の代償的な観念が窺えるのであり、その意味では年期婿と同系列のものとみることもできるであろう。このようにみることができるとすれば、東北地方北部の年期婿から出発して、それと同系列の婚姻習俗が次第に労役婚的性格を薄めつつ日本海に沿って南下しているとみなされよう。

労役婚文化と訪婚文化との習合

ただ、ここで注意しておかねばならないことは、右にあげた山形県温海町の「シュウトノツトメ」が嫁の婚家引移りの「祝儀」後に行われる習俗であるが、それ以前に、婚姻成立祝たる「ニショゴメタテ」ないし「ニショゴメ」

礼——「婿方の仲人がクロゴメ（玄米）二升、酒一升、魚二尾をもって嫁方に行って酒を飲む」儀礼——があげられ、この成立祝から嫁引移りの祝儀までの二、三年間、「夜は婿が嫁のもとに訪れる」のである。つまり婚姻居住方式は、同町の少なくとも越沢の集落では、このような《一時的訪婚》の形をとっていたのである（坪井、前掲）。

この事実は、年期婿習俗に典型的にみられた「労役婚」的文化が日本海域を南下していく過程で、南方系の《一時的訪婚》の文化と習合したことを物語っている。ちなみに、この温海町越沢では、祝儀前における婿の女家訪問が、とりわけ「嫁方の忙しい時の手伝い」という意味をこめたものであったらしく、女家への婿の労働力提供が祝儀前の訪婚段階にも窺われうるのである（坪井、前掲）。実際、佐藤光民の最近の研究（『温海町の民俗』）によれば、同じ温海町の菅野代《すがのだい》という集落では、年期婿や後述の「アギデ婿」の習俗も行われていたという。

このように「労役婚」的文化要素と「一時的訪婚」の文化要素との習合という見方がとられうるとすれば、この両文化の習合は、石川県能登半島以西における一時的訪婚諸習俗についても言及されうるかもしれない。

私は本書第一章のなかの日本海域の《一時的訪婚》を扱った箇所（九〇〜九二ページ）において、能登輪島の「年期」、丹後の「親のコーリョク」、山口県向津具《むかつく》の「一年の加勢」などをあげ、女家が娘の労働力を保持せんとする要求が、婚姻後も一定の期間、娘を自家に留め、それ故、その間の夫妻の別居と訪婚の習俗の主要な社会的要因をなしたことを論じたのである。そしてこの要因が日本海域の一時的訪婚習俗の特徴をなすのではないかという仮説を提示した。もちろん、娘の労働力にたいする女家側の要求が、一時的訪婚の習俗を今日まで保持してきた要因の一つであることは、けっして日本海域に限らず、太平洋海域にも見受られる。ただ、相対的に両海域の一時的訪婚を対比すると、太平洋海域における別棟隠居制と日本海域における女家側の労働力要求という対照的な傾向が看取されると、私は考えたのである。
もしこの見方が首肯されれば、女家が娘の婚姻後の一定期間、娘もしくは婿の労働力を得ようとする傾向は、日本海域全般に通ずる文化的特徴とみなされるのではあるまいか。

幼男子後見のための《年期婿》

幼男子の後見　さて、年期婿の習俗に関して、右ではもっぱら労役婚としての性格――すなわち娘を嫁としてとつがせるかわりに婿の労働力を要求するという代償的な性格――のみを考察してきたが、年期婿には、別に、女家を継ぐべき男子がまだ幼いため、一定期間、婿が女家に入ってその後見を行うというものもあった。
菅江真澄が寛政四年（一七九二）の紀行文「牧《まき》の冬枯《ふゆがれ》」で、下北の田名部《たなぶ》（青森県むつ市）の習俗を記述したのもこの例である。

その男にむすめをやるへけれと、女の方は家つくへきものゝ、また心をさなけれは、さん年むこ、五ねんむことて、みとせ、いつとせとさためて其家に行て、あるし〔＝主人〕となるるか、をとなひたるをまちて、契しとしも過れは、むすめをむこのかたにつれ行ならひ也。世にいふ、うしろみをしてかへる也。

女方の跡継ぎの男がまだ心幼いので、三年なり五年なり期限を定めて婿が妻家の主人となり、跡継ぎが大人となり契約年限も過ぎると、婿は妻を自家に連れ帰るという習俗である。

私は、昭和五十八年（一九八三）に森謙二、青嶋敏、牧田勲の三人の協力を得て青森県中津軽郡平内町《ひらないちょう》で年期婿に関して調査を行ったが、発見し得た一〇件の事例のすべてがこの幼男子後見の性格を有するものであった。ただ、一定期間の妻家への労力奉仕のあと、婿が妻子を連れて自家へ戻るという「年期婿」（ないし還り婿）の本来の形をとるものは、僅かに一件のみであった。他の九件は、婿がそのまま妻家に居着き、そのうちの七件は妻家の別家（——もっとも婿が妻家姓に変更せぬ場合も含む）になるものであり、残る二件では婿が妻家を承継したのである。

妻家側に居着く事例

もちろん、このような調査結果が、年期婿の元来の姿を示すとみなされてはならない。「年期婿」とか「還り婿」とかいう言葉で土地の人が思い浮べるものは、一定の年限のあと婿が妻子を引連れて自家へ戻るものである。ただ、事情によって、年期があけても婿たちが妻方に居着く場合をも、土地の人はこの言葉のうちに含めていたのである。

いずれにせよ、婿が妻家側に居着く場合があることは注目に価する。というのは、婿が妻家を承継する場合（つまり長男が分家に出る場合）は言うに及ばず、婿夫婦が妻家の別家となる場合には、それは、東北地方から関東の一部にかけてかつて行われていた「姉家督《あねかとく》」の習俗にほかならないからである。

《姉家督》との関係

「姉家督」とは、最初に生れた子が男子であれば、通常の長男相続が行われるが、初生子が女子であり、後に生れる長男との間にかなりの年齢間隔がある場合には、長女に婿養子をとって家を継がせ、長男を分家させる習俗であるが、ときにはまた長男が幼少の間だけ、長女とその婿養子が家政をみ、その後長男に家督を相続させ、婿養子を分家させるという中継ぎ式の場合もあった。この後者の中継ぎ式の姉家督は、幼男子後見型の年期婿に通ずるものであるが、平内町の年期婿には長女夫婦が本家を継ぐ形のものもあり、「姉家督」と「年期婿」が互いにきわめて相似たものであって、この両者の関係は、日本の東北地方の家族の在り方を究明する上で重要な研究課題をなすものと言えよう。

なお、山形県飽海《あくみ》郡や酒田市在を中心として行われていた「アキタイ婿」ないし「アギシ婿」も、年期婿や姉家督との関連で検討さるべき習俗である。塩田定一の調査によれば、親が年老いたのに、子女が未成年のために労力に不足をきたす農家は、娘の成長をまって結婚させることを約した上で、十二、三歳の娘に二十四、五歳の婿を迎える習俗であり、この婿を「アキタイ婿」と称したという。息子がいない場合には、通常の婿養子となるが、幼い息子が居て、その姉（長女）に婿を迎えるときは、「長女は婿と共に分家をなし、小作人となる」という。この場合は、一種の奉公人分家であると同時に、右にみた中継式の姉家督である。ともあれ、この「アキタイ婿」を、大間知篤三は年期婿と同種のものとみたのである。

中国北方の「期限つきの入婿」

この幼男子後見型の年期婿と同様の民俗が中国北方諸民族の間でも行われていたのである。《有限期的入贅《にゅうぜい》》と言われるものである。あえて訳せば「期限つきの入婿《いりむこ》」とでも言うべきものである。たとえばエヴェンキ族の場合はこうである。

期限付きの入婿は、往々にして女家の家長が老年で病気がちであったり、息子の年齢が幼少な家族で見出される。入婿の期間は、主として男の子が生産に参加するということに関わっている。期限が満ちたのち、〔婿は〕妻子児女を連れて岳父の家を去るのである。（烏丙安『中国民俗学』遼寧大学出版社）。

ダウォール族でも、同様の習俗が報告されている。

父母がすでに年老い、かつ息子が年少で働けない者は、期限つきの養老女婿を招き、その息子が長ずるのをまって、女婿をして、妻子を引連れ、出去して別居せしめる。（『達斡爾族社会歴史調査』内蒙古人民出版社)。

これらの期限つきの入婿は、女家の親がすでに年老いていて、しかも息子もまだ幼少で労働力が不足している場合に、娘に婿をとって、息子が働けるようになるまでの一時期、妻家の労働に従事せしめるという点では、日本の《年期婿》とまったく同じ習俗だといえよう。そしてさらに注目すべきことに、この期限つきの入婿にも、満期後の婿の生活について二つの様式があるのである。

烏丙安から聴取したところによれば、(1)期限が満ちた後、女婿《むすめむこ》が自分の生家へ妻子と共に帰る場合と、(2)期限が満ちた後も、女婿が妻家の近辺に世帯を構え、妻家の援助のもとに生活する場合——の二つの形態があるというのである。もちろん、(1)が通常の形態である。(2)は婿の生家が貧しかったり、親がすでに亡くなっていて生家において生活の基盤がなかったり、また妻家が逆に裕福な場合に行われるという。

中国の期限つき入婿のこの二形式が、日本(とくに青森県平内町)の《年期婿》にみた二つの形式——満期後に婿が妻子と共に自家へ帰る通常の場合と、婿の一家が妻家の分家となったり妻家を継いだりする場合——に、いかによく合致するか嘱目《しょくもく》に価すると言えよう。中国東北地区の古代の民族(烏恒族や室韋族など)の労役婚にも、もしかすれば満期後に女婿一家が妻家近辺に住む場合があったかもしれない。東北アジアの労役婚に関してよりいっそうの研究の必要性が痛感されるが、以上の分析をとおして日本の《年期婿》習俗が日本海の対岸の諸民族と文化的に密接に連っていることが判明したのである。

嫁入婚の一亜種としての《年期婿》習俗

夫方居住への志向

以上の《年期婿》の習俗は、婚舎の在り方（つまり人類学のいう婚姻居住方式）からみれば、婚姻成立の時点で「夫方居住」の方式をとる通常の嫁入婚とは異なっている。婚姻当初の一時期に妻家が婚舎とされ、後に夫家に引移るのであるから、「妻方＝夫方居住」の方式をとるのである。しかし、それが「夫方居住」を前提とし、もしくはそれを志向している点では、嫁入婚の一つの亜種とみなされうるのである。

すなわち「労役婚」的性格をもつ場合について言えば、岩手県山形村の人々が「娘を呉れてやるかわりに婿を自分のために働かせる」と語ったように、それは〝娘を呉れる〟という夫方居住が前提となっており、〝娘を呉れる〟ことへの代償としての婿の労役奉仕が、普通の嫁入婚に付着したものだと言えるのである。

また「幼男子後見」的性格をもった《年期婿》は、女家の親が老いていて長男もまだ幼い時にのみ行われるのであり、親がまだ農家経営に当りうるときや、長男が一人前となっている場合は、普通の嫁入婚と同じく娘は婚姻の成立と同時に婿方へ嫁ぐのである。

したがって私は、《年期婿》が「労役婚」的性格を有する場合であれ「幼男子後見」的性格をおびる場合であれ、それが嫁入婚文化の一環をなすものと考えるのである。実際、この婚姻習俗は東北アジアの父系文化に連なるものとみなされるのである。

東北アジアの父系文化

概して言えば、労役婚はシベリア東北端の極北地域から中国東北地区にかけての狩猟民に濃厚に分布し、女家の幼男子後見のための一時的入贅は中国北方の遊牧民に見出されるが、その境界はけっして明確でない。労役婚の史料として右に紹介した烏恒や室韋の古代の民族、また類似の習俗がみられるが本書ではふれられなかった高句麗は、狩猟民というよりは遊牧騎馬民であり、金代の女真族も同様である。

東北アジアの諸民族において、純粋な労役婚と幼男子後見の性格を有する一時的入贅とがどのように関連しあうものであったかということは、今後の研究課題である。いずれにせよ、日本の東北地方における《年期婿》や《姉家督》の習俗がこれらの隣接諸民族の同種の習俗と文化史的関連性を有し、それ故、それとの比較をとおしてのみその原義も明らかとされるのである。

婚姻成立儀礼からみた嫁入婚の形態

《嫁入婚》中世起源の通説

ルーツを異にする二大婚姻類型

本書の第一章で《一時的訪婚》をめぐる諸民俗が考察され、それが中国江南からインドシナ半島にかけての諸民族を原郷とすることが明らかにされた。そしてこの第二章では《嫁入婚》に関連する諸民俗が北方系の文化と連繫するということが論ぜられた。ここで北方系文化とは、一つには中国北方の遊牧民の文化と、二つにはシベリア東北端からアムール河（黒竜江）方面にいたる地域の狩猟民の文化を包括するものである。ただ、北方狩猟民文化については、現在、研究資料の不足から、本書では僅かに原始的な自由結婚と労役婚に言及したにとどまる。

このように、日本の伝統的な二つの婚姻類型――《一時的訪婚》と《嫁入婚》――が、南北二つの地域の文化とそれぞれ連繋し、日本民族の基層をなす文化要素であると考えられるならば、この両婚姻類型が日本の民族文化生成の時点にまで遡る婚姻形態であったと想定されうるであろう。実際、花嫁が火を跨《また》ぐ入家儀礼が『隋書』倭国伝に記述されていたことは、この嫁入婚の儀礼習俗が古代に行われていたことを如実に示している。

《嫁入婚》中世起源説

しかし、このような考え方は、《嫁入婚》が中世に発するとする民俗学や歴史学の通説に相反するのである。すなわち民俗学の通説によれば、《一時的妻訪婚》(民俗学の「婿入婚」)が平安時代までの日本の一般的な婚姻形態であり、《嫁入婚》は鎌倉時代の武家階層のもとではじめて現われ、その後、急速に日本の支配的な婚姻形態になったというのである。鎌倉時代以降の上流の武家階層のもとでは遠く離れた武門同士が通婚することとなり、この遠方婚では妻訪いがとうてい叶わないため、婚姻の成立と同時に嫁が夫家へ引移る《嫁入婚》が採りいれられたとみなされた。柳田国男は、次のように述べている。

武家が……嫁入を以て開始する婚姻法を必要とした理由は、坂東諸名門の系譜を一見しただけでも直ぐに解る。多くの勇士の母は……、大抵隣国の大家の娘であつた。伊豆の河津の三郎祐泰《すけやす》が妻は、沼の平太の娘で安房の人とある。其夫が若死をすると、今度は相州の曽我へ再縁した。もし斯ういふ場合に古風な聟入〔婿取〕を先づ済ませなければならぬとする

と、結局聟殿は旅の空に、若き日を暮すことになつてしまふのである。(「聟入考」『定本柳田国男集』十五巻)

このように遠方婚のもとで《一時的妻訪婚》を行うとすれば、婿が「旅の空に」過ごさねばならなくなるばかりでなく、法制史学者の石井良助が述べたように「武士は性質上その領地乃至家を離れることが困難だった」という事情もまた、平安貴族風の婿取による《一時的妻訪婚》を採り得なかった原因だとみなされよう(『日本婚姻法史』創文社)。

ともかく、このようにして武家階層を中心として、嫁入で成立する婚姻が行われはじめ、室町時代に伊勢・小笠原の武家礼法が定まっていくのと相まって、この婚姻形式が武家社会に確立し、また庶民社会でも上流から下流へと次第に普及していったのであり、遂には、〝嫁入〟と言えば人々はただちに婚姻そのものを想いつくにいたったというのである。そして明治三十一年施行の民法第七八八条「妻ハ婚姻ニ因リテ夫ノ家ニ入ル」との規定は、明治国家が《嫁入婚》習俗を唯一公式の婚姻形態として認証したことにほかならず、右の歴史的変遷の最終点ともみなされるのである。「当今の法制は」――と、柳田は述べる、「其力を以て、寧ろ新たに前代と異なつたる風儀に統一して、一部残留の慣習(一時的妻訪婚)を蔭のものにしてしまつた」(「聟入考」)。

以上の通説的見解は、一面において、たしかに妥当性を有していた。古代貴族から中世武家へと支配権力の担い手が変化するのに応じて《一時的妻訪婚》から《嫁入婚》へと、支配階層の婚姻、形態が変化をみたことは、まぎれもない事実だからである。実際、この転換期には婚礼の在り方をめぐって公家と武家との間に意見の衝突さえ生じた。

すなわち鎌倉初期の公家九条兼実の子良経と一条能保の娘との婚姻の場合がしかりである。一条能保も公家であったものの源頼朝の義弟（頼朝の妹の夫）にあたり、この婚姻にたいして頼朝の意思が強く働き、その儀礼も武家礼法たる嫁入をもってなさるべきだと主張し、公家の旧慣を固執する九条兼実の考えと衝突したのである。兼実は、自身の日記『玉葉』でこの顚末を詳細に記述している。それによれば、数回にわたる書面のやりとりの挙句、結局この公家社会の先例にもとづき婿取の儀をもって行われることとなり、建久二年（一一九一）六月二十五日の夜、良経は一条邸へ妻訪《ど》いしたのである（江守『日本の婚姻』）。

妻訪い期間の短縮

また民間にあっても、何らかの社会的要因によって妻訪いが廃れていけば、《一時的妻訪婚》が最終的に《嫁入婚》に変貌することは、たしかにあり得ることである。

実際、宮本常一によれば、山口県の周防大島ではかつては初婿入から嫁入まで「普通半年位間があった」が、「半年が三月に、三月が一月に、一月が十日に、十日が三日に、遂には一日のうちに婿入嫁入を行うようになり、はては婿入が廃れて嫁入だけになった」という（「各地の婚姻習俗――山口県大島――」『旅と伝説』六巻一号）。

嫁入婚がどこでも一時的妻訪婚から変化したとする通説的見解にしたがえば、周防大島のような妻訪い期間の短縮と消滅という過程が全国的に展開したということになろう。しかし、この通説は、はたして妥当性を有するであろうか、私には疑問に思えるのである。以下では、民俗資料に依拠してこの問題を検討することとする。

朝婿入の嫁入婚儀礼——玄界灘型嫁入婚

韓国の《当日于帰》

前項で紹介した日本婚姻史に関する通説的見解にたいして、私は根本的な疑問をいだいたが、それは、日本古代には《一時的妻訪婚》のみが行われ、《嫁入婚》が存在しなかったという点であった。言いかえれば、近時まで行われていた《嫁入婚》がすべて《一時的妻訪婚》から変化したものだという考え方が、はたして実証的な根拠を有しているのか、という点であった。

通説にたいするこのような疑問が私の脳裏に浮かんだきっかけは、朝鮮海峡を挟む日韓両国において共通の嫁入婚儀礼が見出されたことである。

それは韓国では「当日于帰《とうじつうき》」（タイイルウキ）と称されるもので、まず婿が嫁の家へ行き、そこで式をあげたあと、その日のうちに婿が嫁を伴って婿の家へ帰り、婿の家でまた祝宴をあげるというものである。しかも、慶尚南道南海郡や済州島においては、三日目に婿同伴で嫁が里帰りする習俗もともなっているのである。この種の「当日于帰」は、日本における「朝婿入」や「三ツ目の里帰り」という嫁入婚の儀礼形態とまったく一致しているのである。すなわち日本でも嫁入当日の朝、婿が嫁方へ儀礼的に訪問するいわゆる〝朝婿入〟の儀礼が多くの地方で行われており、民俗学の資料で私が認めただけでも、岩手県南部から関東地方全域に及ぶ地帯、長野県から東海方面にかけての中部地方、近畿中部と山陰から北九州にわたる地帯に広く分布していた。そのあまりにも広範囲に及ぶ分布状況からみて、それを直ちに韓国南部の「当日于帰」と直接に結びつけることは、甚だ危険であるが、少なくとも北九州や玄界灘方面におけるこの種の習俗にかぎってみれば、同形態の儀礼方式をとる韓国の「当日于帰」と関係づけないほうがむしろ不自然というべきであろう。

実際、北九州には「朝婿に夕嫁」という俗諺《ぞくげん》さえあるのである。ここでは玄界灘に浮ぶ壱岐島の民俗をみてみよう。この島の芦辺町では、結婚式当日、まず婿入と称し、婿とその近親者が媒酌人とともに女家に赴き、嫁の両親と親子の盃をして帰る。そしてそのあと嫁は媒酌人、両親、兄弟などに伴われて男家へ嫁入りするのである。嫁は婿と「雄蝶雌蝶の銚子」で盃事をし、舅姑との間でも盃を交わすのである。そしてその日の翌々日、嫁は餅や土産物を持参して「三日戻り」を行うのである（『芦辺町史』）。

同様の婚姻成立儀礼が対馬の一部からも報告されている。すなわち中尾英俊の調査によれば、対馬の上県町伊奈では、婚礼の当日、まず婿は「つれ親」と称する叔父夫婦二、三組に伴われて嫁迎えに女家へ行く。この嫁迎えが来ると、嫁方では親と別れの盃がかわされ、嫁は家を出る。嫁は、婿方と同人数の「つれ親」のほか「腰元」(嫁の親戚筋で両親の揃った少女、つまり添い嫁)と「同伴者」(三親等外の男の人)と共に夫宅に赴く。そして婚礼には婿と嫁のほか、右にあげた双方の「つれ親」と嫁の「腰元」および「同伴者」だけが出席し、両当事者の親兄弟は参席しない。そこで、その翌日、婚家は嫁方の親兄弟や親戚を招いて「あけび」という宴を催すというが、この「あけび」の行事は同島の他の村々では報告されておらず、はたして古来の習俗かどうかわからない。そして三日目に「三ツ目」といって夫婦(他の村では夫側の両親も伴って)が鯛一尾、奇数の数の餅および酒を持参して嫁方へ里帰りする(中尾『対馬の入会原野』)。

玄界灘方面の分配祭祀

朝鮮海峡をはさむ地帯でこのような婚姻成立儀礼の一致が見られるとすれば、日韓両国のこの地帯に共通の嫁入婚文化が古来存在していたとも推定され得よう。実際、韓国南部と北部九州には、父の位牌を長男が、母の位牌を次男が分担するという「分配祭祀」という特殊な習俗も見出されたのであり、この地帯には国境を越えて一つの共通の文化圏域が存在したとみることが十分可能だと思えるのである。

そうだとすれば、この地帯には右述のような婚姻成立儀礼をともなう嫁入婚が古来存立していたとみるほうが蓋然性が高いと言えよう。つまり嫁入婚が一時的妻訪婚から変化したとみる日本婚姻史の通説はこの地帯にはあてはまらないとみなされよう。

大間知篤三の対馬調査

このような考え方にたいして、大間知篤三の対馬調査の結論は大きな支持を与えるものである。大間知は対馬の婚姻習俗についてこう述べている。

「近世」はおろか「中世」を、日本のどの地域にも劣らず豊富に保ち伝えてきたその村々を調査するにあたり、私は聟入婚（《一時的妻訪婚》）の伝承を探し求めずにはいられなかった。しかしそこでは婚姻が成立してから聟が妻問いをつづける習わしは、きわめて稀薄であると言わなければならない。私の調査したいくつかの部落のうちで、この習わしを比較的よく持ち伝えているのは阿連であったが、そこにあっても聟入婚は、決して顕著なものではなく、少数事例として存在しているに過ぎない。

そして大間知は、「対馬の村々に伝えられてきた支配的な婚姻は、村内婚を基盤とした古風な嫁入婚の一類型である」と帰結された（「対馬のテボカライ嫁」）。このように民俗学の見地からするかぎり、玄界灘周辺の地帯では、一時的妻訪婚が嫁入婚に先行する婚姻形態であったとする通説的見解が支持され得ないことが明らかなのである。

中国大陸の嫁入婚の儀礼

玄界灘方面の嫁入婚は、婚姻成立儀礼の在り方からみて右の韓国南部の「当日于帰」と連なるばかりではない。それはさらに中国の「親迎《しんげい》」と三日目の「回門《かいもん》」の嫁入婚儀礼にも相通ずるとみなされ得よう。

中国漢族の伝統的な婚姻儀礼は求婚段階に遡って六段階の儀礼（いわゆる「六礼《りくれい》」）に分かれているが、その最終儀礼「親迎」では、婿が女家に赴き、女家での儀礼に参与した上で嫁を自家に連れ帰り、改めて婚礼が挙げられ、そしてその翌々日、婿同伴の里帰り（回門）が行われるのである。

いな、北方の少数民族のもとでも、婿が嫁迎えに女家へ赴き、女家での儀礼に加わり、そして嫁を男家に伴って来て改めて儀礼を行う。しかも数日後に婿同伴で里帰りするという方式も広くとりいれられている。つまり儀礼方式において漢族の場合と変りないのである。こうした婚姻成立儀礼の比較検討からすると、玄界灘方面の嫁入婚は、単に韓国南部のみならず、このような中国大陸の嫁入婚文化と連繫するものであることが判明するのである。

朝婿入は「親迎」か　私は、この種の嫁入婚儀礼が、単に玄界灘方面のみでなく、前述したように東北地方から北九州にいたる広い地域にわたって分布しており、その広範囲な分布状況から起源の古さを推定している。

そもそも嫁入当日のいわゆる〝朝婿入〟がいかなる地域でも一時的妻訪婚（婿入婚）のもとでの婿入の儀礼に発したものとみる思考方式は、あまりにも独断的だと言えよう。中国大陸の嫁入婚では、婿の〝嫁迎え〟がむしろ一般的に行われていたのであり、日本の〝朝婿入〟がこの〝嫁迎え〟と異なると主張するのであれば、その根拠が示されなければなるまい。

実際、江戸後期の儒学者松崎慊堂《こうどう》が当時の朝婿入の習俗を中国式の「親迎」とみなしたことは、柳田国男が指摘しているところである。

江戸の士人の間にも朝婿入の風が行はれてゐた。例へば今から九十八年前の天保六年（一八三五）に、松崎慊堂先生の立会つた三つの婚姻は、共に嫁入の日の午前に新郎が里方に行き、仲人列席の上で親子の盃をした。先生は之を親迎也と書いて居られる。（『常民婚姻史料』）

さて、私は、以上のような「朝婿＝夕嫁」式の嫁入婚をかつて「玄界灘型嫁入婚」と仮称した。東北地方から北九州までの広汎な地帯に分布していることを十分わきまえながらも、玄界灘をはさむ日韓両国の地域に共通な嫁入婚に着目した当時の命名法を本書でも継承しておこう。

初婿入を嫁入後に行う嫁入婚儀礼――北陸型嫁入婚

民俗学における初婿入の時期　民俗学において婚姻成立儀礼が考察される場合、最も重視されるのは「初《はつ》婿入《むこいり》」の時期である。「初婿入」とは、婿がはじめて女家に赴いて嫁の親や親族とかわす対面の儀礼をいう。《一時的妻訪婚》の場合には、この儀礼をもって婚姻が成立し、妻訪いも開始するのである。

ところで、民俗学の通説によれば、前項でもみたように妻訪いの期間が短縮し、最終的には初婿入が、嫁入の当日の朝方に行われるようになる。〝朝婿入〟とはまさにこの段階で現われ、これを機に《一時的妻訪婚》が《嫁入婚》に変化したとされる。そして初婿入がさらにおくれると、嫁入の後、三ツ目帰りなどの際に行われる場合も生じたというのである。

このように初婿入の時期が漸次遅れていくという変化が、民俗学では、日本婚姻史の一般的傾向だと考えられていたのである。しかし、実は、初婿入が元来、嫁入以後に行われていた地帯もあったのではないかという疑問が、柳田国男とともに日本婚姻史の研究に多大の貢献をなし、その通説的見解の確立に大いなる役割を果たした大間知篤三自身によって提示されたのである。

北陸地方の初婿入　大間知は昭和十二年（一九三七）に発表した「民間伝承と伝統――婚姻形式を対象として――」なる論文において、北陸地方の婚姻習俗についてこう述べている。

越中、能登、加賀にわたる地帯においては、嫁入式婚姻がまた異常な発達を示した。越中の西部などでウッチャゲと呼ばれる初聟入りの式が嫁入後半年から一年を経て初めて行われる慣習がある。その初聟を最上の賓客として優遇する程度も、他地方に比して甚しいものがある。……何故にこの地帯においてかかる特殊な慣習が発達したものか、私にはまだ理解できない。

大間知のこの論文では、初婿入が「嫁入後半年から一年を経て初めて行われる」という習俗が北陸地方の特異な民俗とみなされているものの、これを日本婚姻史全体の問題にまで展開しようとはしていなかった。ところで、昭和三十二年（一九五七）に今村充夫が北陸三県の初婿入の時期に関する事例を収集し、「結婚後の初聟入りが支配的となっている」事実を確認する（「石川県旧押野村に於けるウチアゲに就いて」『日本民俗学』五巻一号）に及び、大間知は、この今村論文で「漸く全貌が明らかになってきた」として同論文を評価し、その翌年、自ら「加越能における聟入り」という論文を執筆したのである。

すなわち大間知は、同論文で、初婿入の時期が次第におくれていったとする通説的な見方が「日本の婚姻史として正しいと言えるだろうか」という大きな問題を真正面から提示したのであり、少なくとも「加越能を中心としてその周辺一帯」においてはこの通説的見解が妥当せぬことを明言されたのである。むしろこの地帯では、元来結婚より半年から一年位後になされていた初婿入が時代とともに早まり、結婚前の結納のときにすましてしまうように変化したといわれ、通説的な発展図式とは逆行していると、み、な、さ、れ、た、の、で、あ、る。

大間知のこの問題提起は、近時の民俗学界でかなりの支持を得ているようである。天野武の「嫁入り婚における初婿入りの意義」という論文（『民俗論叢』創刊号）によれば、その後、大間知説を直接支持する研究には以下のものがあるという。すなわち仁科政視の「聟入り式の時期・ヒザナオシ等について」（昭和四十八年）、今村充夫の「ウチアゲ」（昭和五十三年）、天野の「能登の初聟入について」（昭和四十四年）、同「越中の婚姻習俗」（昭和五十三年）、同「能登の初婿入り」（昭和五十年）などであり、また直接に大間知説支持を謳わないまでも初婿入の「逆行」的現象の資料を提供するものとして、松岡利夫の「人生儀礼」（昭和三十九年）、文化庁編『日本民俗地図Ⅵ』解説書（昭和五十三年）があるという。ちなみに、大島建彦の編集にかかる『嫁と里方』（岩崎美術社）の巻末の解説には、この問題についての詳細な研究史が収録されている。

いわゆる「逆行」的現象

さて、大間知によってこのいわゆる「逆行」的現象が看取されたのは北陸地方とその周辺の新潟、岐阜両県の地帯であったが、天野らの研究の結果、長野県、兵庫県淡路島、埼玉県秩父市浦山、鳥取県青谷町山根、島根県江津市渡津塩田、山口県長門市湯本三之瀬などが新たに付加されるに至った。

このように初婿入が元来、嫁入の後に行われていた地帯では、この初婿入が《一時的妻訪婚》における婿入の儀礼から発したものだとはみなされ得なくなる。むしろ、この地帯ではもともと嫁入によって婚姻が成立していたと考えられねばならないのである。

試験婚の性格

では、「ウッチャゲ」などとよばれて嫁入後に行われていた初婿入の儀礼は、いったいどのような性格をおびていたか。大間知は、少なくとも北陸地方に関するかぎり、「嫁身分の確定」とそれにもとづく「婚礼の完了」という意義を看取した。きわめて有意義な解釈と言えよう。

実は、嫁入によって婚姻が一応の成立をみたとしても、家父長制的傾向の強い地帯ではこれによって嫁身分が確定したとはいえず、いつ何時帰されるかわからなかった。新郎新婦の婚姻生活が首尾よく開始したかいなかを見定め、その確認の上で両家がこれを祝うという意義が、この地方における嫁入後の婿入儀礼にともなっていたと解される。たとえば次の事例はこのことを示しているといえる。すなわち富山市水橋町沖では、「昔は、嫁が妊娠してから初めて婿が嫁の実家に迎えられ、それから嫁は籍（戸籍）に入れられるという段取りだった」（文化庁編『日本民俗地図Ⅳ』解説書）し、また島根県仁田郡横田町大馬木では、明治末頃までは「嫁が家風に合うようになり、また子供が生まれたりすると婿入りをした。時には二〜三年して嫁の尻がすわったことになってから婿入りすることもあった」（同前）という。

すなわち嫁が夫家の家風に合うか、あるいは子供が生れるか——などを、夫家側が見定めたとき、婿がはじめて妻家を儀礼的に訪問し、それによって婚姻が正式に成立するのであり、これはまさしく「試験婚」以外のなにものでもないのである。

室町時代の初婿入　ただ、嫁入後に初婿入を行う儀礼習俗は、右にも指摘したように東は埼玉県から西は山口県にいたる広汎な地帯に分布しており、北陸地方の習俗が試験婚的性格をおびていたからといって、他の地方の習俗もすべてこの性格を有していたとは言えない。

そもそも嫁入儀礼で始まる婚姻方式のもとでは、婿が嫁の父母と対面する儀礼が別に設けられる必要があり、この舅との対面儀礼が「婿入」とよばれていた。大間知篤三によれば、室町時代の公家日記『康富記《やすとみき》』文安四年（一四四七）八月十九日の条には、すでに武将山名宗全の娘を娶っていた細川勝元がはじめて山名亭に〝婿入〟したことが書かれているという（「武家・庶民の婚姻」『日本文化史講座』明治書院）。

そしてこの嫁入後に婿入を行う習俗が当時の庶民社会にも行われていたことが、室町時代の狂言から知られるのである。大間知はこの点に関して次のような鋭い分析をくわえている。

聟入りを取扱ったものが『狂言三百番集』に十五曲は下らない。そのすべてにおいて聟入りは嫁入り以後におこなわれており、嫁入り以前に聟入りしている例は一件も見あたらない。そしてそれは聟が嫁方を初めて訪問するというばかりでなく、舅と初めて対面する機会であるという点でもすべて一致している。この事実は、当時の嫁入りに嫁の父が同行するなどのことがなく、また聟が嫁取り以前になんらかの名目で嫁方を訪れたりする習慣のなかったことを物語るものであろう。（「狂言における婚姻」）

ただ、嫁入後のどの時点で婿入が行われるかについては、別段定まった慣行がなかった模様であり、伊勢貞丈は「聟入舅入は幾日めと日数定め無レ之候、心次第たるべし、遠国よりのよめ入は、猶以延引たるべし」（『婚礼法式』上、婚迎之事）と記述している。しかし、江戸時代の初期に三つ目祝と結びつく傾向があったことは、享保二年（一七一七）刊の『礼容筆粋』（五、婚礼之次第　婿入之事）で「むかしは三ツ目の祝過て、婿、舅の方へ行し也、是も路次の遠近にしたがひ心得有、近代は婚姻より前に婿入をする事になりぬ」と述べられているところから推察されうる。かつては三日目の里帰りなど、嫁入の後に行われていた婿入が、のちには嫁入の前にすませてしまうようになったと書かれていることは、いわゆる「逆行」現象を示すものとして興味ぶかいことである。

このように嫁入の後に婿入を行うという儀礼形式の嫁入婚は、室町時代には武家階層のみならず、（狂言から推察されるように）少なくとも京畿一帯の庶民階層のもとで広く行われていたのである。では、この形式の嫁入婚が一体どの時代に成立したのであろうか。この点は現時点ではまったく明らかではない。今後の研究に俟《ま》たねばならない。

なお、この形式の嫁入婚を以前に「北陸型嫁入婚」と仮称したが、本書でもこの命名法を保持しておきたい。大間知篤三、今村充夫、天野武の三氏による北陸地方の民俗学的研究に触発されたことを今なお心に留めているからである。

民俗学からみた日本の婚姻

かつては通説支持の立場

本書では、日本の二大婚姻類型たる《一時的訪婚》と《嫁入婚》を、それぞれ南方文化と北方文化に連なるものとして対置させ、その各々を周辺諸民族との関連のもとに考察してきた。そしてこの両婚姻類型が日本民族の基層文化をなすものとみなしたが、このことは、当然、嫁入婚中世起源の通説に対峙することを意味する。ただ、ここで断っておきたいことは、私が最初から、この通説批判の立場にたっていたわけではないということである。一九七〇年代前半までは、私もまた通説の忠実な支持者だったのである。つまり《嫁入婚》が中世武家階層のもとではじめて形成され、古代には《一時的妻訪婚》(婿入婚)が支配的だったとする柳田国男らの通説に、いささかの疑念も懐いていなかったのである。

たとえば、昭和三十五年(一九六〇)に執筆した「母系制と妻訪婚――社会人類学の立場から

——」(『国文学　解釈と鑑賞』二五巻一号)では、記紀万葉の時代の妻訪いが婚姻当初の一時的なものであって生涯にわたるものではなく(一時的妻訪婚)、それ故、母系制が導かれなかったことを主張していたにとどまるのである。

また昭和五十一年(一九七六)に編集した『日本の婚姻』(『現代のエスプリ』一〇四号)の解説では、「嫁入式の婚姻が武家階層の抬頭をもって始まったのにたいして、この聟入式の婚姻がそれ以前にまで遡るという歴史的な位置づけについては、何人も同意している」と述べているのである。

通説を疑う契機

私が通説的見解に疑問を懐き始めた契機は、その翌年(一九七七)に実施した韓国両班同族制調査であった。この調査の副産物として、昭和五十六年(一九八一)に執筆した「日本の婚姻成立儀礼の史的変遷と民俗——韓国との対比において——」(韓国・東国大学校『日本学』創刊号)で、私はこう書いた。

……結婚式当日に嫁の引移り(新行)が行われ、しかも三日目に婿同伴で嫁の里帰りが行われるという日韓両国に共通の婚姻慣習は、その分布領域が両国の相接せる朝鮮海峡をめぐる地帯であることにかんがみ、文化史的関連性の蓋然性はきわめて大きいのである。この点だけに関していえば、両民族における婚姻制度がはたして(人類学のいわゆる)「独立的発展」をとげたものであるかという疑問さえむしろ生じさせるのである。

そもそも韓国の学界では、《当日于帰》が、『三国志』巻三十に記載された高句麗の《男帰女家》的婚俗に起源を発する婚姻発展史の最終段階に位置づけられており、他方、日本の学界では、「玄界灘型」嫁入婚が、《一時的妻訪婚》に源を発した変遷の所産として捉えられてきた。だが、朝鮮海峡をめぐって日韓両国の間に共通の嫁入婚儀礼方式が存在し、ほかにも「分配祭祀」という特異な祭祀習俗が見出されるとすれば、国境を越えて共通の文化が民衆の間にもともと定着していたとみなされないだろうか。私はこのような粗朴《そぼく》な疑念をいだいたのである。そしてこの疑念は、今日の嫁入婚がすべて《一時的妻訪婚》から変化したものだとする一元的な日本婚姻史の通説への疑問でもあったのである。

爾来、婚姻の民俗学的＝人類学的な検討に没頭し、昭和五十八年（一九八三）十二月に、「日本の《嫁入婚》の歴史的位置――日本婚姻史学の通説への疑問――」なる論文を発表した（喜多野清一編『家族・親族・村落』早稲田大学出版部）。もっとも、この論文集の刊行が著しく遅延したため、私の論文の再校刷を別刷として刊行一年以上前に作成し、学界に広く配布したのである。そのため、私の論文に寄せて書かれた坪井洋文の評論が拙稿所収の右論文集より早く（同年四月に）公表されるという珍事も生じたのである。

坪井洋文の論文

すなわち坪井洋文は、「日本海沿岸諸村における婚姻儀礼の類型性――江守五夫仮説に寄せて――」と題する論文を昭和五十八年（一九八三）四月に発表した（『家族史研究』第七集）。この評論において、坪井はまず私の論文内容を次のように適確に紹介した。

> 法社会学者、民族学者である江守五夫が、最近、日本婚姻史の新たなる体系化を意図して、尖鋭な研究活動を開始している。それは、従来の日本民俗学が婚姻研究の課題として、主要な位置を与えることの少かった、婚姻儀礼における嫁の生家からの嫁の出立ちの儀や、聟の家に入る入家の儀、およびその途中に行われるさまざまな呪的習俗の意味を、主として韓国、中国の婚姻儀礼との比較において分析し、相互の間に文化的連関性を見出そうとしているのがその第一である。第二には、これも日本民俗学が日本の婚姻体系の時間的枠組としてきた、柳田国男の仮説を批判し、反仮説を定立しようとしているのである。つまり、柳田の聟入婚から嫁入婚への一元的発展図式は、長崎県対馬島から韓国南部にかけてのベルトで比較を試みようとするときに、当てはまらない仮説であることを発見し、日本の一部の地域には、もともと《一時的妻訪婚》（柳田のいう聟入婚）が行われておらず、《嫁入婚》が当初から存在したのであるまいかという疑問を提起したのである。
>
> 第一、第二の問題提起は、ともに日本民俗学の婚姻研究の盲点を突き、新鮮な視野を与えるのであるが、そうした問題をさらに深化させ、日本における婚姻のより体系的な把握と、民族学的領域への展開を試みようとする野心作となって近く公表されるはずである。題して

「日本の《嫁入婚》の歴史的位置――日本婚姻史学の通説への疑問――」がそれである。

そして坪井は、私が婚姻成立儀礼の在り方からみて柳田的通説が妥当しない地域、つまり当初から嫁入婚が存在したと仮定される地域が、「現実に日本のどの地域であるのか、それを特定できないという点」が、私の仮説の問題点だと指摘した。実際、私が、「北陸型」嫁入婚地帯とか「玄界灘型」嫁入婚地帯という地域設定を試みたが、とくに後者は東北地方から北九州に及ぶ地帯に広汎に分布しているだけに、その地域の特定は困難である旨、断っておいたところである。そしてこの点は今日においても十分明らかにされていないのである。

婚姻形態の源流と分布状況

そもそも婚姻習俗の分布状況に関しては、私は終始重視し、本書でも個々の習俗について分布図をいくつか掲げておいた。ここでは《一時的訪婚》と《嫁入婚》という二大類型の源流と分布状況を概述しておくにとどめたい。

まず南方系の《一時的訪婚》の分布領域は黒潮流域と言って差支えなかろう。すなわち黒潮に沿った関東以西の太平洋海域、その分流の対馬暖流に沿った日本海域、さらにその支流の津軽暖流が行きつく下北半島突端部から三陸海岸部がそうである（八七ページ図5参照）。

これにたいして北方系の《嫁入婚》文化の分布状況はかなり複雑である。まず《年期婿》の習俗は沿海州方面から時計廻りに入ってきたと想定され、東北地方の北部に主に分布し、その系統の習俗が日本海に沿って南下したと考えられる。また《玄界灘型嫁入婚》は中国東北地区から朝鮮半島を経て、あるいは直接に日本海を渡って入ってきて、北九州から東北地方にいたる本州各地に分布している。だが、関東から山陰までの地帯に散見される《北陸型嫁入婚》については、類似の嫁入婚形態が隣接諸民族のもとで見出されないのであり、その源流は不明である。もしかすれば、日本の内部で独自に形成されたものかもしれないのである。総じて《嫁入婚》の源流、経路、分布の実態は、今後の研究課題なのである。

日本海域の婚姻習俗の特異性

ともあれ、玄界灘であれ北陸であれ、それはともに日本海域に属する。坪井も、「従来の柳田国男の図式によっては割り切れない婚姻類型が、日本海側の諸地域に見出せるようである」と述べ、日本海域における婚姻形態の分析の必要性を主張し、氏自身の調査資料を提示したのである。

たしかに日本海域は、婚姻以外の文化要素に関してもすこぶる特異な様相を呈する地域であり、私も一九九七年一月、国際日本文化研究センターにおいて「日本海域の文化とその源流」と題する報告を行った。本書でも婚姻に関して日本海域にかなり論及したつもりであるが、坪井の提起した課題にどの程度応え得たかは公の批判を俟《ま》たねばならない。

一時的訪婚と嫁入婚との混淆

さて、坪井がその論文で提起した重要な問題点は、婚姻成立儀礼の在り方からみて《嫁入婚》の特徴と《一時的訪婚》の特徴が同じ村落の婚姻習俗のなかで混淆《こんこう》していることがあるという事実である。第二章でみた山形県温海町越沢の場合がそうである。私も第二章でこの村の「シュウトノツトメ」を分析した際、「労役婚」文化と《一時的訪婚》の文化との習合に注目しておいたのであるが、坪井は婚姻成立儀礼そのものを問題としたのである。

すなわち婚姻成立祝たる「ニショゴメタテ」の儀礼が女家であげられるのを機に、婿は女家へ通い始め、二、三年間の妻訪いの後、嫁が男家へ引移る。この過程はまさしく《一時的妻訪婚》(婿入婚)に当る。しかし、その後に男家へ引移る際、まず嫁入の日をきめる「日定め」が行われ、そして「祝儀」(嫁入り)と「三ツ目」(里帰り)の儀礼が続くのであり、この後半の過程は「玄界灘型」の嫁入婚に相応している。坪井は、それ故、「《婿入婚》(一時的妻訪婚)と《嫁入婚》とが特定地域集団の中において接合している」と評されたのである。

天皇族と先住民との通婚

この二大婚姻類型の混淆《こんこう》を民俗資料で示したのは、坪井をもって嚆矢《こうし》とするであろうが、日本民族生成論においてはじめて提示したのは岡正雄であった。岡は、日本に最も遅く渡来したのは天皇族を中心とする北方系の民族集団であり、彼らは「この列島へは多分婦女子を多く伴ってこなかった」ので、妻訪婚文化をもった先住の南方系の民族と盛んに通婚し、その文化を吸収したというのである。

江上波夫も、履中《りちゅう》・反正《はんぜい》の天皇の頃までは、天神《あまつかみ》系の天皇族がもっぱら土着の国神《くにつかみ》系の豪族と通婚し、それによって自らの婚姻習俗を変化させたと述べている(『騎馬民族国家』中公新書)。

実際、『日本書紀』巻二（神代下・第九段）は、国譲りに先立ち、帰順の意を表わすため高天原に昇った大物主神《おおものぬしのかみ》（大国主命の別名か）にたいして、高皇産霊尊《たかみむすびのみこと》は次の勅《みことのり》を下したと書いている。

汝《いまし》若《も》し国神《くにつかみ》を以《も》て妻とせば、吾《われ》猶《なほ》汝を疏《うと》き心《こころ》有《あ》りと謂《おも》はむ。故《かれ》、今吾《わ》が女《むすめ》三穂津姫《みほつひめ》を以て、汝に配《あは》せて妻とせむ。八十《やそ》万《よろづ》　神《のかみたち》を領《ひき》ゐて、永《ひたぶる》に皇孫《すめみま》の為に護《まも》り奉《まつ》れ。

たしかに北方ユーラシア騎馬民のもとでは、豪（王）族間に政治的提携が計られる際、しばしば婚姻が締結されたり義兄弟の契りが結ばれたりするのであり、天皇族が先住土着の豪族と盛んに通婚したことは、彼らの全国支配にとって必要なことであったろう。

古代における両婚姻類型の混淆

このように後来の北方系の民族が先住の南方系民族と通婚することをとおして、しばしば《嫁入婚》習俗と《一時的訪婚》習俗の特殊な融合状況が展開したと考えられる。

たとえば一般には「他国《ひとくに》」（他郷・他村）との「よばい」（求愛・求婚）が庶民の間で慣習上禁ぜられていたにもかかわらず、大刀を佩《お》び馬に乗る〝貴人《うまひと》〟たちは、遠方婚を好む北方騎馬民の慣習に依拠してか、この地域内婚の掟を無視して遠方まで「よばい」に赴いたのである。『万葉集』の次の歌はこの事情をコミカルに描いている。

他国《ひとくに》に結婚《よばひ》に行きて大刀《たち》が緒《を》もいまだ解かねばさ夜ぞ明けにける　（一二―二九〇六）

また、『日本書紀』巻十二の履中天皇即位前紀によれば、天皇がまだ皇太子のとき黒媛《くろひめ》を妃としようとして、「納采《あとふる》ことの既に訖《をは》りて、住吉仲皇子《すみのえのなかつみこ》を遣《つかは》して、吉日《よきひ》を告げしめたまふ」というように、北方の嫁入婚文化における求婚方式と同様に、礼物を女家におくって正式の婚約をなす手法が採入れられている。だが他方、『古事記』は、雄略天皇が河内の日下《くさか》に住む若日下部王《わかくさかべのみこ》の許に自ら求婚に赴かれ、道中で入手した犬を、「是《こ》の物は、今日道に得《え》つる奇《めづら》しき物ぞ。故《かれ》、つまどひの物」と言って与えたと記述している。求婚のための天皇自身の訪問とはいえ、共寝もせず、その後、若日下部王が参内しているので、嫁入婚の形態とみなさるべきであるが、求婚のしるしとして〝つまどいの物〟を渡している。この求婚の手法は一時的妻訪婚の場合と共通しているのである。

大島建彦の批判

昭和六十三年（一九八八）に、大島建彦は、嫁入婚のもとでの嫁とその里方との交渉を中心として考察した『嫁と里方』（岩崎美術社）という論文集を編集し、私の前掲の論文がそれに収録して頂く光栄に浴した。同書の解説において、大島は、私の論文が「これまでの民俗学の通説に対して、もっともきびしい再検討を迫るものであった」と批評した上で、次のごとき問題を提起した。

古来の嫁入式の婚姻が、かりにどこかでおこなわれていたとすると、いくつかの地方の民俗にうかがわれるように、女がいちおう嫁入をすませても、しばらくは里方との間をゆききして、やはりその事情に通じたうえで、ようやく男の家に落ちつくというものであったにちがいない。

嫁と里方との関係

〝嫁と里方との交渉〟を重視する立場から、私の《北陸型》嫁入婚の中味を再検討するように求められたものであろう。実は私も、昭和五十八年（一九八三）十一月に富山市で開かれた第三回「日本海文化を考えるシンポジウム」において、羽越国境の「シュウトノツトメ」から能登の「テツダイニユク」までにみられる嫁の「実家への労力奉仕」の諸習俗を検討したことがある。私はこれを東北地方の《年期婿》の派生形態として性格づけたのであり、このことは、本書第二章五節の中でもふれておいた。しかし、この特異な習俗にかぎらず、一般に《嫁入婚》のもとでの嫁と里方との関係は、大島が重視したように、大きな問題点と言えよう。実は、嫁とその里方との関係については、私も従来大きな関心をもち、〝嫁の生家帰属・婚家帰属〟という視標から嫁入婚の形態を究明しようと何度か執筆してきた。一九八八年に発表した「嫁女の家帰属」（『創造の世界』第六七号）はその一つである。

最後に、私の通説批判の見解にたいする桜井徳太郎の批評をあげておきたい。

桜井徳太郎の批評

桜井はこう述べている（『桜井徳太郎著作集』九巻）。

近来、日本における婚姻史の展開について、妻処婚（一時的訪婚）から夫処婚（嫁入婚）への単系的発展説を否定して、嫁入り婚の成立を古い時代に遡らせ、多元的系列化を主張する新説が現れてきた（江守五夫氏を始めとし、天野武と今村充夫らの諸氏の主張参照）。本来、文化は複合的構成をとり多元的要素を含んでいるものであるから、その成立や起源を単一の要素に絞って源流とか固有とかを限定することが、実相を正しくつかんでいないとする反省は正しい。けれども、今日の民俗的資料からでは、婿入りから嫁入りへのトレースは辿り得ても、その逆を証明することは難しいように思われる。今後の検討に委ねたい。

民俗学界の指導的存在たる桜井のこの温い御理解にたいしては、私は深い感銘を覚えるものである。ただ、最後の部分で〝婿入り婚から嫁入りへのトレースは辿り得ても、その逆は証明しがたい〟と言っているが、私は《嫁入婚》から《一時的訪婚》への発展ということはついぞ一言も述べたことがない。こういうことは私もあり得ないと思っているので、ここに付記しておきたい。

私は、以上の坪井洋文、大島建彦、桜井徳太郎の諸氏の理解と学問的批判に励まされ、また旧拙著『日本の婚姻――その歴史と民俗――』にたいして詳細な批評の労をとられた大林太良（英文＝*The Japan Foundation Newsletter*, vol.XIV, no.4. 日本文＝『比較家族史研究』第二号）と藤見純子（『週刊読書人』一六五七号）ならびにこの拙著を『読売新聞』読書欄「私の一冊　'86上半期」に取上げて頂いた宮田登等の学問的友誼にも支えられ、今日まで研究を進めることができたのである。

大間知篤三への謝意

さて、本書を閉じるに当り、大間知篤三の偉大な研究業績に改めて敬意を表するとともに、本書が同氏の研究に負うところ多大であったことを指摘しておかねばならない。ここでは、私が大間知の生誕の地たる富山市での前記のシンポジウムの際、その分担報告を締括った次の一文を引用することで、同氏への謝辞の代りとしたい。

大間知先生は、柳田門下として、日本婚姻史の通説的見解の樹立に貢献されましたが、同時にまた、先生はしだいに、この通説の一般的妥当性に疑問を抱かれ、漸次、柳田説とは独自の立場をとられるに至りました。たとえ公然たる批判は慎まれたにせよ、問題提起の形で独自な見解をとられたのであり、おかげで今日私達は、その学問上の優れた成果を摂取し、継承し、発展させることができるのであります。本日の私の報告でいくつかの問題を提起しえたのも、大間知先生のご研究を基礎にしえたからにほかならぬことを、感謝の念をもって申し上げる次第です。

あとがき

一九九六年七月に、吉川弘文館編集部の大岩由明氏から《歴史文化ライブラリー》の刊行企画を知らされ、『婚姻民俗の人類学——東アジアと日本の婚姻習俗——』という題名のもとに一書執筆するようにとの申出に接した。もちろん有難く受諾したものの、書名ないし執筆内容については暫時考えさせてほしい旨お返事した。執筆の範囲を婚姻習俗に限定せず、他の社会組織にもふれ、題名に〝日本基層文化〟の文字を掲げたいと思ったからである。

間もなく畏友宮田登氏から同ライブラリーの一冊たる『歴史と民俗のあいだ』と題するすぐれた著作の献呈にあずかって大きな刺戟を受けた私は、『日本基層文化と東アジア 婚姻・家族の民俗』というタイトルを提示し、大岩氏も承諾して下さった。こうして同ライブラリーの続刊書目の中に、右の書名が一時期載せられることとなった。

しかし、具体的に執筆項目を検討する段階で、私は所定の原稿枚数では、予定していた項目について十分論議し得ないものになることに気づかされた。大岩氏と協議の上、けっきょく、同氏が初めに示されたような題目に落着くこととなった。お蔭で各方面に随分ご迷惑をおかけしたことを、ここで心からお詫び申し上げたい。

さて、日本文化の根底にあるものを探し出し、それを周辺諸民族の文化と比較することによってその基本的性格を究めるという作業は、対象を婚姻の民俗に限ったとしても、容易には達成され得ぬ難行である。一つの謎を解けば別の謎が現われ、日本基層文化の究明の途は、いつはてるともしれぬ〝謎学の旅路〟なのである。本書を書き終えたいま、このように私が直面している〝謎〟の数々を明示し、大方のご教示を仰いだほうがより生産的ではなかったかと反省している次第である。

なお、私事にふれて恐縮であるが、本書の執筆に着手しようとしていた昨年七月九日、待望の孫が生れた。祥吾と名付けられたこの孫の誕生に沸立つなかで、本書の執筆が開始されたのである。何かの縁であろうか。

最後に、本書が成るに当って終始ご協力を賜わった吉川弘文館の大岩氏と、直接本書の製作にかかわり細部にわたってご注意頂いた重田秀樹氏にたいして、心からの感謝の意を捧げるものである。

一九九八年五月七日

江守五夫

著者紹介

一九二九年、石川県生まれ
一九五一年、東京大学法学部法律学科卒業
現在東京家政大学教授・千葉大学名誉教授

主要著書
日本村落社会の構造　日本の婚姻　家族の歴史民族学　家族の起源　歴史のなかの女性

歴史文化ライブラリー
48

婚姻の民俗
東アジアの視点から

一九九八年一〇月一日　第一刷発行

著　者　江《え》守《もり》五《いつ》夫《お》

発行者　吉　川　圭　三

発行所　株式会社 吉川弘文館
東京都文京区本郷七丁目二番八号
郵便番号一一三―〇〇三三
電話〇三―三八一三―九一五一〈代表〉
振替口座〇〇一〇〇―五―二四四

印刷＝平文社　製本＝ナショナル製本
装幀＝山崎　登（日本デザインセンター）

歴史文化ライブラリー

1996.10

刊行のことば

現今の日本および国際社会は、さまざまな面で大変動の時代を迎えておりますが、近づきつつある二十一世紀は人類史の到達点として、物質的な繁栄のみならず文化や自然・社会環境を謳歌できる平和な社会でなければなりません。しかしながら高度成長・技術革新にともなう急激な変貌は「自己本位な刹那主義」の風潮を生みだし、先人が築いてきた歴史や文化に学ぶ余裕もなく、いまだ明るい人類の将来が展望できていないようにも見えます。このような状況を踏まえ、よりよい二十一世紀社会を築くために、人類誕生から現在に至る「人類の遺産・教訓」としてのあらゆる分野の歴史と文化を「歴史文化ライブラリー」として刊行することといたしました。

小社は、安政四年(一八五七)の創業以来、一貫して歴史学を中心とした専門出版社として書籍を刊行しつづけてまいりました。その経験を生かし、学問成果にもとづいた本叢書を刊行し社会的要請に応えて行きたいと考えております。

現代は、マスメディアが発達した高度情報化社会といわれますが、私どもはあくまでも活字を主体とした出版こそ、ものの本質を考える基礎と信じ、本叢書をとおして社会に訴えてまいりたいと思います。これから生まれでる一冊一冊が、それぞれの読者を知的冒険の旅へと誘い、希望に満ちた人類の未来を構築する糧となれば幸いです。

吉川弘文館

〈オンデマンド版〉

婚姻の民俗

東アジアの視点から

歴史文化ライブラリー
48

2017年（平成29）10月1日　発行

著　者　江《え》 守《もり》 五《いつ》 夫《お》

発行者　吉 川 道 郎

発行所　株式会社　吉川弘文館

〒113-0033　東京都文京区本郷7丁目2番8号
TEL　03-3813-9151〈代表〉
URL　http://www.yoshikawa-k.co.jp/

印刷・製本　大日本印刷株式会社

装　幀　清水良洋・宮崎萌美

江守五夫（1929～2016）

ISBN978-4-642-75448-4